Christian von Aster

Vier Füße für ein Halleluja

Kleine Sammlung klerikaler Satire

Edition
Roter Drache

1. Auflage Februar 2020

Copyright © 2020 by Edition Roter Drache
Edition Roter Drache, Haufeld 1, 07407 Rudolstadt
edition@roterdrache.org; www.roterdrache.org
Titel- und Umschlagdesign: Christian von Aster
Buchgestaltung: Holger Kliemannel
Lektorat: Simona Turini
Copyright © Autorenfoto S. 148 by Störbild
Gesamtherstellung: Wonka Druck, Deutschland

Alle Rechte vorbehalten.
Kein Teil dieses Buches darf in irgendeiner Form (auch auszugsweise) ohne die schriftliche Genehmigung des jeweiligen Autors reproduziert, vervielfältigt oder verbreitet werden.

ISBN 978-3-946425-93-9

Inhalt

Vier Füße für ein Halleluja	5
Biedermanns Bilanz	15
Pater Sinister	29
Der Schrauber des Herrn	35
Hinteralfing, der Bischof und die Brüder vom Loisachtal	49
Sankt Popstar	67
Neue Wege	73
Der vergessene Sängerkrieg zu Querfurt	91
Als Falstaff nach Canossa ging	103
Ein Fass aus dem Franzosenland	111
Die San Sebastian	119
Die Beichtfabrik	125
Die besten Plätze	143

Vier Füße für ein Halleluja

Man schrieb das Jahr des Herrn 1883, als dem Bistum zu Trier, das sich auch heute noch rühmt, im Besitz des Rockes Jesu zu sein, eine zweite bedeutsame Reliquie zuteilwurde. Es war dies ein nicht minder außerordentliches Stück, das Geschenk eines Adeligen, welches das Staunen des gläubigen Volkes beinahe ebenso wie besagter Rock zu entflammen vermochte: der Fuß des heiligen Albert von Trapani, Albertus Siculus.

Zunächst baute man für ihn einen hölzernen Kasten mit kostbaren Intarsien. Daraufhin baute man eine nicht minder wertvolle Vitrine um jenen Kasten herum und hernach eine entsprechende Kapelle um die Vitrine, und sanierte so auf einige Jahre die Schreiner, Glaser und Goldschmiede der näheren Umgebung.

Befruchtet von Rock und Fuß erblühten, einmal diesen und einmal jenen Schrein küssend, die Bewohner Triers in religiöser Verzückung, bis im Jahre 1889 schließlich ein französischer Pilger in der Stadt anlangte, der Europa auf der Suche nach Reliquien durchreist und seine Lippen an unzähligen Schreinen wundgeküsst hatte. Dieser Pilger, ein gewisser Bruder Podomykes, absolvierte zunächst Dom samt Rock, um sich daraufhin dem Fuß in der Kapelle zuzuwenden, die er aber Berichten verschiedener

Zeitzeugen zufolge postwendend wieder verließ, um eine Audienz beim Bischof zu erbitten.

Im Rahmen dieser Audienz eröffnete der fromme Pilger dem Bischof Michael Felix Korum, dass etwas faul war im Bistum zu Trier. Podomykes hatte nämlich bereits zu Beginn seiner Reise im Dom zu Toulouse eine Vitrine geküsst, in welcher sich der Fuß des heiligen Albertus Siculus befunden hatte.

Korum freilich, bestrebt, Konflikte in Glaubensdingen auf allen Ebenen zu vermeiden, meinte sich an dieser Stelle mit salomonischer Weisheit gesegnet und entgegnete dem Pilger, dass der Heilige schlussendlich zwei Füße besessen habe und das ehrwürdige Bistum zu Trier nun eben im Besitz des linken wäre.

Der Pilger stimmte ihm soweit zu, stellte jedoch fest, dass Albertus Siculus zwar gewiss zwei, aber mit Sicherheit nicht zwei *linke* Füße besessen habe. Und ein eben solcher befände sich auch in Toulouse. Die Vorstellung eines zweifach linksgefußten Heiligen behagte dem Bischof wenig. Zumal inzwischen nicht gerade wenige ortsansässige Schreiner ihr Geld mit dem Drechseln kleiner hölzerner Füße verdienten, ein Großteil der Einkünfte der städtischen Bäckerzunft auf einen fünfzehigen Hefezopf namens „Albertusfuß" zurückging und eben dieser Fuß nicht zuletzt auch zentraler Bestandteil der jährlichen Albertus-Siculus-Festmessen geworden war, zu denen die Stadt von Pilgern aus aller Welt besucht wurde.

Die Wichtigkeit jenes Fußes und die Tatsache, dass ein Rechtsstreit mit den Kirchenobersten von Toulouse durchaus zu seinen Ungunsten hätte ausfallen können, führte nun dazu, dass der Bischof, nachdem er den Pilger in den Kerker hatte werfen lassen, einige Männer entsandte, die dem edlen Spender der Reliquie ein wenig auf den Zahn fühlen sollten.

Hierbei stellte sich heraus, dass Adalbard von Karrenbach den Fuß zunächst für sein persönliches Seelenheil erworben hatte. Doch bald darauf schon war er von fürchterlichen Träumen geplagt worden, in denen ihn der einbeinige Albert von Trapani inmitten apokalyptischer Visionen gemahnt hatte, seinen Fuß – statt ihn in der hintersten Ecke seines Weinkellers unter einem losen Stein zu verbergen – der Kirche zuzuführen.

Der gute Adalbard, dem man nachsagte, seine Frau ebenso aufgrund eines Traumes geehelicht wie auch später in eine Schlucht gestoßen zu haben, pflegte einiges auf Träume zu geben, weshalb dem Bischof zu Trier keine zwei Tage später jenes heilige Bündel überbracht worden war, das während der darauf folgenden Jahre die Augen der Gläubigen mit Tränen und die Geldkatzen der Kirche mit Talern gefüllt hatte.

Erhalten habe Adalbard das Kleinod seinen eigenen Worten zufolge aus den Händen eines weit gereisten Medikus, der den Fuß auf einer seiner Reisen entlang der Grenzen des gelobten Landes als Lohn für eine höchst komplizierte Operation erhalten und ihn nun aus finanzieller Not heraus habe verkaufen müssen.

Hierauf entsandte der Bischof etwa hundert ebenso gute Gläubige wie auch Gutgläubige, um innerhalb der nächsten Wochen durch sie alle Medikusse nach Trier schaffen zu lassen, die sich rühmten, bis an die Grenzen des gelobten Landes gereist zu sein.

Diese Grenzen aber schienen in der medizinischen Erzählung oft und gern Erwähnung zu finden, weshalb sich bald schon mehrere Dutzend Quacksalber im Stadthaus des Bischofs einfanden wo sie, ohne dass der rechte sich zu erkennen gegeben hätte, mit der Geschichte vom Fuß des heiligen Albertus Siculus konfrontiert wurden.

Schließlich aber hatte man, während die Medikusse zum erwähnten französischen Pilger in den Kerker geworfen wurden, zur Erkennung des richtigen Mannes Adalbard von Karrenbach hinzugezogen.

Und dann stand der freche Fußschacherer, vor wenigen Tagen erst nach Deutschland heimgekehrt und alsgleich von den Truppen des Bischofs aufgegriffen, umringt von einigen bewaffneten Wächtern vor dem Bischof. Mit Recht schlotterten ihm da seine schurkischen Knie. Und wie sein Gegenüber sich nun erhob und näher an ihn herantrat, da fürchtete er schon um Leib und Leben. Der Bischof beschuldigte ihn geradeheraus, dem Adeligen wissentlich einen falschen Fuß verkauft zu haben, sodass ihm jetzt Ketzerei, Betrug und das heikle Delikt der Fußfälschung angelastet wurden.

Von der eindringlichen Art des Bischofs ins Bockshorn gejagt, machte der Mann seinen Frieden mit Gott, gestand augenblicklich sein Vergehen und schloss in Erwartung einer todbringenden Klinge die Augen. Als er aber nach einer guten Minute noch immer keinen Schlag gespürt hatte und plötzlich gar das Schließen der schweren Türen vernahm, hob er seinen Blick.

Die Wächter waren fort. Vor ihm stand einzig noch der Bischof, der flüsternd anhob: „Ihr habt einen linken Fuß gefälscht ... könnt Ihr uns nun auch einen rechten fälschen?".

In seiner umsichtigen und scharfsinnigen Art hatte der Bischof die einzig mögliche Maßnahme zur Rettung der zweiten Trierer Reliquie gefunden, die überdies dem Heilligen Albertus Siculus post mortem ein geordnetes Paar Füße bescheren würde.

Der Medikus brauchte, nachdem er sich im Elendsviertel der Stadt umgetan und dort einen Fuß erworben hatte, zwei Monate, bis er einen ausreichend gealterten Heiligenfuß mit allen nötigen Attributen geschaffen hatte, der das exakte Spiegelbild des Trierer Fußes war.

Als er am darauf folgenden Tag vor den Scharfrichter geführt werden sollte, war der Medikus verschwunden. Unter seiner Zelle fand sich ein Gang, den er mit eigenen Händen gegraben haben musste. Einer einfachen Rechnung zufolge hatte der Fuß ihn also höchstens eine Woche und der Gang den Rest seiner zwei Monate Arbeit gekostet.

Und während die übrigen Medikusse in Gesellschaft des frommen Pilgers noch einige Jahre bei Wasser und Albertusfüßen saßen, wurde jener eine nie wieder gesehen.

Die wenigen aber, die von den Hintergründen dieser Geschichte wussten, nannten ihn hinter vorgehaltener Hand bald eines der größten Schlitzohre, die jemals unter Gottes Sonne gewandelt waren. Es war jedoch keineswegs seine Flucht, durch welche ihm dieser Titel zuteilwurde.

Denn wie bereits an früherer Stelle erwähnt, war besagter Medikus erst kurz, bevor die Trierer Schergen ihn aufgriffen, nach Deutschland zurückgekehrt. Und zwar aus dem Franzosenland, wo man ihn in Toulouse, wo man kurz zuvor vom linken Fuß von Trier gehört hatte, festgesetzt und unter Androhung der Todesstrafe gezwungen hatte, einen rechten zu verfertigen, wonach ihm eine abenteuerliche Flucht gelungen war.

Da sich nun aber in jenen Zeiten nicht alle Dinge – gerade die, über welche man ungern sprach – eilig herumsprachen, wurde dieser Umstand nicht sofort bekannt.

Es dauerte ein gutes Jahr, bis Bischof Korum im schönen Trier, wo man noch immer von der wundersamen symmetrischen Wandlung des heiligen, nunmehr rechten Fußes berauscht war, vom inzwischen ebenfalls rechten Fuß der Franzosen erfuhr.

Um das Thema ein für alle Mal vom Altar zu haben, beschloss er kurz darauf, den Trierer Fuß zu vernichten, und um später in den Geschichtsbüchern nicht den Rang eines klerikalen Trottels einzunehmen, verbot er den Trierer Bäckern überdies das Backen von Albertusfüßen, den Trierer Tischlern die Holzfußerei und erleichterte den Trierer Kirchenkalender zuletzt um alle drei Fußfestmessen zu Ehren des heiligen Albertus Siculus.

Heute jedenfalls weiß kaum jemand in Trier überhaupt noch von jener bedeutenden und wundersamen zweiten Reliquie, welche die Stadt für einige wenige Jahre mit frommem Glanz erfüllte ...

Biedermanns Bilanz

Barnabas Biedermann war kein guter Mensch.

Weder hatte er es jemals sein wollen, noch war er es irgendwann einmal versehentlich gewesen. Er hatte Frauen, Kinder und Hunde zeitlebens gleichermaßen schlecht behandelt und im Lauf seiner zweifelhaften Karriere zahlreiche Konkurrenten in den Ruin sowie ein halbes Dutzend Angestellte in den Selbstmord getrieben.

Seine einzigen Freunde waren die Zahlen auf Aktien, Schecks und Bankauszügen. Seine Vertrauten waren Prognose, Zins, Rendite und Gewinn. Mit ihnen verbrachte er seine Zeit, hatte ein Auge auf sie, saß bis spät in die Nacht mit ihnen zusammen und sorgte sich rührend um ihre Belange, seine Bezüge und alles, was damit zusammenhing.

So war denn auch die Zahl der Freunde Barnabas Biedermanns gegen Ende seines Lebens zumindest achtstellig. Und trauernd ruhten, derweil Biedermann auf seinem Sterbebett lag, jene Freunde auf ausländischen Nummernkonten. Zu dem ihm so freundschaftlich zugetanen Vermögen war Biedermann dadurch gekommen, dass er Menschen mitunter unmögliche Dinge verkauft hatte. Überwiegend.

* * *

Das Einzelzimmer im Sterbehospiz Sankt Judas lag halb im Dunkeln.

Das Licht der Abenddämmerung sickerte wie zäher Sirup durch die schweren Vorhänge, erfasste die Konturen des rasselnden Beatmungsgerätes, des wuchtigen Bettes und der ausgemergelten Gestalt darin: Barnabas Biedermann, der nach einem erfüllten Leben, ausschweifenden Exzessen und zahllosen Betrügereien am Ende seines Weges angekommen war.

Nun lag er hier. Im Sterben.

Von dem streitbaren kleinen Mann, vor dessen Launen die Börse und vor dessen Zorn die Politiker gezittert hatten, der das Gemüt einer Splitterbombe und die Mentalität eines Pitbulls gehabt hatte, war bloß noch eine jämmerliche Hülle, ein eingefallenes fahles Abbild geblieben.

Was immer er auch gewesen sein mochte, besaß oder geleistet hatte, in diesem Moment hätte Biedermann sich nicht mehr von den anderen Patienten des Hospizes unterschieden.

Wenn es dort in diesem Moment noch andere gegeben hätte.

Dem jedoch war nicht so.

Barnabas Biedermann hatte die Einrichtung gekauft, die Sterbenden vor die Tür setzen und die komplette

Einrichtung durch seine eigene ersetzen lassen. Den gesamten Hausstand seiner drei Anwesen hatte er ins Sankt Judas geschafft, dessen medizinische Einrichtung sich inmitten antiker Vasen, griechischer Statuen und der Bilder alter Meister nunmehr geradezu verschwindend gering ausnahm.

Während Biedermann im Sterben lag, glich das Hospiz weniger einem Krankenhaus als vielmehr einem Museum. In seinen Augen der beste Platz zum Sterben.

An der Stirnseite des Zimmers brummten über einer Reihe klobiger Bilderrahmen einige Leuchtstoffröhren und verliehen fünf Werken des finnischen Landschaftsmalers Reidar Särestöniemi eine beinahe unwirkliche Note.

Kurz nach dem Tod des Künstlers hatte Biedermann den größten Teil seines Gesamtwerkes aufgekauft und in irgendeinem Keller gehortet, bis ihm das Särestöniemi-Museum ein paar Jahre später schließlich einen Preis für die Bilder zu zahlen bereit war, der ihn zufriedenstellte, darüber hinaus unangemessen hoch war und zuletzt das Museum dazu zwang, etwas kleiner als geplant zu bauen.

Hätte besagtes Museum auch noch diese letzten fünf Bilder zu Biedermanns Konditionen erwerben wollen, dann hätten diese wahrscheinlich in einem Zelt ausgestellt werden müssen, darum hatte man sie dem streitbaren Magnaten schließlich zugunsten fester Wände gelassen.

Und obwohl es vor allem ein gutes Geschäft gewesen war, hatten diese Bilder auch eine sentimentale Bedeutung für den sterbenden Barnabas Biedermann: Dort oben nämlich, im hohen Norden Finnlands, hatte er einst im lieblichen Kittilä den Grundstein seiner beispiellosen Karriere gelegt.

In diesem Moment, während die Augen des Sterbenden noch auf der verschneiten Ebene von Kittilä ruhten, öffnete sich plötzlich die Tür und ein Mann im schwarzen Anzug trat herein.

Er hatte weder geklopft, noch sich anderweitig angekündigt, und wirkte dabei, als wäre ihm nichts selbstverständlicher, als das Zimmer eines Sterbenden zu betreten.

Kaum eingetreten, musterte der Mann zufrieden den im Bett liegenden Biedermann.

Dieser reagierte nicht und betrachtete unbeirrt über den Rand seiner Atemmaske hinweg auf die finnische Landschaft.

Der Blick des Gastes folgte dem des Sterbenden.

Auch der Besucher erkannte die Ebene, und ein schwaches Lächeln schlich sich auf sein dunkles Gesicht.

„Oh ja, Biedermann, auch ich erinnere mich … Wir waren auf leichte Beute aus, handelten mit Schnaps. Mir gaben sie dafür ihre Seele, für deinen beliehen sie ihre Häuser …"

Er hielt einen Moment inne, beinahe als lauschte er an dem leisen Schnaufen des Beatmungsgerätes vorbei den Gedanken des Alten. Dann nickte der Besucher lächelnd.

„Da hast du natürlich recht. Ich hatte es einfacher. Während du die Flaschen in humanitären Kleiderlieferungen schmuggeln musstest, konnte ich es auf meine Weise tun."

Unter der beschlagenen Plastikatemmaske hoben sich die Mundwinkel des Alten ein wenig. Beide Männer erinnerten sich wehmütig an Finnland, jenes Land, in dem sich Geschäfte machen ließen wie nirgendwo sonst, wo statistisch gesehen die meisten Menschen ihre Seele dem Teufel verkauften und in jedem Fjord ein Tor zur Hölle lag.

„Oh ja, Biedermann, du warst einer der Besten. Keiner war so ein harter Hund wie du. Habe selten so schwer verhandeln müssen. Deine Seele war eine der Teuersten, die ich mir je geleistet habe."

Nicht ohne Anstrengung zwinkerte Biedermann seinem Gegenüber zu, wobei ihm ein stiller Schalk im Auge blitzte.

Sein Besucher trat näher und klopfte ihm auf die Schulter.

„Wir hatten eine gute Zeit. Du hast bekommen, was du wolltest, und nun bekomme ich meinen Teil." Er beugte sich zum Ohr des Alten hinab und flüsterte: „Ich will damit sagen, dass es mir ganz recht wäre, wenn du dich jetzt langsam entschließen könntest, abzutreten. Ich würde sie dann einfach mitnehmen. Müsstest sie nicht einmal einpacken ..." Er funkelte den Sterbenden an. Jetzt war jede Freundlichkeit, jede Sentimentalität aus seinem Blick gewichen.

Er war hier, um ein Geschäft zum Ende zu bringen.

Und er hatte nicht vor, noch mehr Zeit mit Biedermann zu vergeuden. In diesem Moment öffnete sich die Tür des Sterbezimmers ein weiteres Mal, und nicht ohne Erstaunen sah der Gast einen weiteren Mann eintreten, dessen bemerkenswerte Ähnlichkeit mit ihm selbst jeden Dritten – abgesehen vielleicht von Barnabas Biedermann – zutiefst verstört hätte. Es war offensichtlich, dass die beiden von gleicher Art waren. Und die Tatsache, dass sie es zum einen *waren* und zum anderen *hier,* konnte nur eines bedeuten ...

Der erste Besucher fauchte den Neuankömmling an. Es war eine geradezu animalische Regung. Seine Kiefer klappten auseinander, die Haut darüber zog sich zurück und legte ein tiefschwarzes Zahnfleisch frei, aus dem spitze, funkelnde Zähne ragten. Unmenschlich, scheußlich, von finster schimmerndem Geifer überzogen.

Der andere tat es ihm nach.

Eine schwarze Zunge schoss mit leisem Zischen zwischen seinen Zähnen hervor, während beiden Gestalten kleine dunkle Hörner auf den erhitzten Stirnen schwollen.

Spätestens in diesem Moment wurde deutlich, wie wenig menschlich Biedermanns Besucher wirklich waren.

Obgleich sie Anzüge trugen, Socken und vermutlich auch Unterwäsche, so ahnte man, da die menschliche Maske bröckelte, darunter Teufelsschweif and Pferdehuf.

„Sie gehört mir! Vor mehr als sechzig Jahren habe ich sie ihm in Finnland abgekauft. Und dafür hat er mehr als genug bekommen."

„Wenn dem so ist, dann hat es ihm nicht gereicht. Denn mir hat er sie vor vierzig Jahren in einem Kapuzinerkloster zu Bamberg verkauft!"

Ungläubig blickten die beiden Teufel auf den Sterbenden.

Biedermann, der die finsteren Blicke sehr wohl spürte, schmunzelte unter seiner Atemmaske. Er wusste, was sie in diesem Moment gern mit ihm getan hätten: ihm die Haut mit den Zähnen abgezogen, sein Inneres nach außen gekrempelt und ihn bei lebendigem Leibe in kleine Streifen geschnitten.

Viele seiner Gaunerstücke hätte er womöglich nie zustande gebracht, wenn er nicht ab und an seine Seele an einen der ihren verkauft hätte. Allein Bamberg ... Das Kloster war erst der Anfang gewesen. Von da war es nach Augsburg gegangen. Dann Ochsenfurth, Günzburg, Dinkelsbühl ...

Seine erste Million hatte er in Finnland mithilfe eines Teufels und geschmuggeltem Schnaps verdient. Seine zweite mit Unterstützung eines weiteren durch die Installation von Kondomautomaten in deutschen Kapuzinerklöstern.

Finnland war fantastisch gewesen. Aber Bamberg nicht minder.

Während die beiden Teufel an seinem Sterbebett um Biedermanns Seele stritten, trat unverwandt ein dritter herein, der mit ähnlichem Entsetzen und schwellenden

Hörnern wie schon die anderen beiden zuvor wahrnehmen musste, dass der Sterbende ihn über den unheiligen Tisch gezogen hatte.

Was scherten diesen Teufel Bamberg und Kittilä. Er hatte diese Seele vor 25 Jahren im Rahmen der Leipziger Buchmesse erworben. Damals hatte Biedermann in einem dubiosen anthroposophischen Verlag eine vermeintlich pädagogisch wertvolle Bilderbuchbibel veröffentlicht, die ohne die Hilfe eines Teufels und die Veräußerung seiner Seele gewiss nicht den vierten Platz der Bestsellerlisten erreicht hätte.

Um sein Anrecht auf die Seele des Sterbenden unter Beweis zu stellen, zog der dritte Teufel nun den Kontrakt hervor, den sein Partner 25 Jahre zuvor in Leipzig mit seinem Blut unterschrieben hatte.

Barnabas Biedermann war zeitlebens ein Abenteurer gewesen, ein *Entrepreneur extraordinaire*, den es nie geschert hatte, was am Ende seines Lebens mit seiner Seele geschah. Darum hatte er mit jedem Teufel, dem er je begegnet war, einen ordentlichen Vertrag gemacht.

Und das bewiesen in diesem Moment auch die ersten beiden, als sie dem dritten ihre Verträge entgegenreckten.

Es wird an dieser Stelle niemanden verwundern, dass jener dritte Teufel nicht der letzte im Zimmer des Sterbenden war und dass sich im Lauf der nächsten halben Stunde insgesamt ein halbes Dutzend einfand, von denen jeder einzelne einen Vertrag hatte.

Und während Barnabas Biedermann mit langsam erlöschenden Augen jene Teufel anschaute, die sich keifend um ihn herum anfeindeten und auf ältere Rechte oder jüngste Verträge pochten, kam er nicht umhin, die letzte ihm verbliebene Kraft in ein Lachen zu stecken.

Für jeden Außenstehenden hätte es wie der jämmerliche röchelnde Husten eines Sterbenden geklungen. Nicht aber für die Teufel. Sie *wussten*, dass er lachte.

Über sie.

Und selbst als sein Kopf auf die Seite sackte und Biedermann schließlich unwiederbringlich, endgültig und vollkommen tot war, klang sein Lachen in ihren Ohren weiter.

Um ihre schmachvolle Niederlage nicht noch ärger werden zu lassen, beschlossen jene sechs Teufel zähneknirschend, die Seele des Verstorbenen untereinander aufzuteilen. Schließlich mussten sie sich damit abfinden, dass Biedermann sie betrogen und seine Seele mehrfach verkauft hatte.

Die wirkliche Ungeheuerlichkeit der Situation zeigte sich jedoch, als der erste jener Teufel sich über den Toten beugte, um seines Anteils habhaft zu werden: Als er nämlich seine krummen Klauen um das ihm rechtmäßig zustehende Sechstel der Biedermannschen Seele schließen wollte ... da griff er ins Leere.

Barnabas Biedermann hatte nie eine Seele besessen.

Pater Sinister

Es gibt dort draußen nur wen'ge Piraten,
die jemals der Hölle entkommen.
Und eben darum hat Captain van Baal
sich einen Priester an Bord genommen.

Der Pater liest die Messe,
der Captain sieht es gern,
segelt doch die Beelzebub
so mit dem Segen des Herrn.

Unter Deck ein Beichtstuhl steht,
zur Abwaschung der Sünden.
Und hier kniet das Piratenpack
am Sonntag, Vergebung zu finden.

Jeder Mord ein Rosenkranz,
denn bereuen soll man schon.
Auch für solche Schurken wie euch
starb damals Gottes Sohn!

Die Beichte nimmt Pater Sinister ab,
der hat viel in der Bibel gelesen.
Doch das, was er verstanden hat,
ist nicht sehr viel gewesen.

Sein Kragen, der ist rot von Blut,
das Blut aber ist nicht das seine.
Sünden kennt er alle.
Tugenden nicht eine.

Sinister predigt selten nur,
doch wenn, dann mit Gewaltigkeit.
Und Mord und Raub und Unzucht,
so heißt seine Dreifaltigkeit.

Sinister ist ein frommer Mann,
oh, das lässt sich wahrlich sagen.
Denn seine Schäfchen beten stets,
bevor sie dich erschlagen.

Ein Bein nur hat Pater Sinister,
hat das andre beim Würfeln verloren.
Hat Haus und Weib seiner Nächsten begehrt
und bald jeden Meineid geschworen.

Dieser Priester ist einer,
der Himmel und Hölle verspottet,
und sein Holzbein ist ein Kruzifix,
an dem der Heiland verrottet …

Sinister liebt seinen Nächsten,
egal, ob Frau oder Mann.
Gern tut er's und Tag und Nacht
und tut's so oft er nur kann.

In seine Kollekte speit man Flüche,
es wird geschnarcht und gesoffen.
Denn Sinisters Kirche ist gerade wie er:
nach allen Seiten offen.

Pater Sinister kann alles,
kann vergeben, vergessen, verstehen.
Und es könnte der Teufel selbst
von ihm noch Vergebung erflehen.

Piraten im Himmel, so meint man,
derlei kann's wohl nicht geben.
Doch wer auf der Beelzebub beichtet,
dem wird alles vergeben ...

Der Schrauber des Herrn

In den Jahren zwischen 366 und 384, als Damasius I. den Heiligen Stuhl innehatte, lagen die Dinge in Rom noch anders, und es war nicht allzu schwer für einen Papst, sich beliebt zu machen. Es reichte aus, die Gräber der frühchristlichen Märtyrer ein wenig aufzuhübschen, die lateinische Version der Bibel zu überarbeiten sowie die hebräische neu übersetzen zu lassen, und im Gegenzug konnte man sich ungestraft um weniger populäre Belange kümmern.

Hierbei ging es vor allem um das Ausschleichen heidnisch römischer Bräuche und Gepflogenheiten. Es war nicht einfach, den Menschen Althergebrachtes abzugewöhnen. Allein schon aus sentimentalen Gründen hätte manch ein Römer gerne noch den ein oder anderen Christen verfolgt. Sogar Damasius hätte für die ruchlose Verfolgung anmaßender Sektierer gern auf die Arena und einige traditionell trainierte Löwen zurückgegriffen. Die Arena war ein familienfreundliches, traditionsreiches Wochenendvergnügen, mit dem Caesaren über hunderte Jahre selbst in den härtesten Zeiten die Leute bei Laune gehalten hatten. Papst Damasius hatte in diesem Zusammenhang sogar mit der Gründung einer päpstlichen Gladiatorenschule geliebäugelt und bereits eine groß angelegte Löwenweihe in Betracht gezogen. Seine Berater aber hatten zu bedenken gegeben, dass ein derartiges Vorhaben alles in allem sehr dem christlichen Konzept der Nächstenliebe widersprach.

Zumal das Anknüpfen an einzelne heidnische Bräuche womöglich zur Folge hatte, dass die Leute über kurz oder lang wieder in den Straßen kopulierten, was wiederum einer deutlichen Fehlinterpretation christlicher Nächstenliebe gleichgekommen wäre.

Inzwischen ging es im ehemals alten Rom jedenfalls weit gesitteter zu.

Dieser Umstand war nicht zuletzt zwei Geheimorganisationen zu verdanken, die der Papst vor allem ins Leben gerufen hatte, damit einige muskulöse Priester – überwiegend beinahepäpstliche Gladiatoren – eine Beschäftigung bekamen. Die möglichen Verdienste des *Vertitorium* und *Tergor Dei* aber wurden gemeinhin nicht bloß unterschätzt, sondern über die Jahrhunderte schlichtweg vergessen. Gerade in den ersten Jahrzehnten nach Konstantin hätten die Schrauber und Wischer Gottes eine tragende Säule im Hause des Herrn sein können. Denn ihnen oblag es, sachte und einfühlsam die Spuren heidnischen Brauchtums aus den Straßen des einstmaligen römischen Imperiums zu tilgen.

Die vorrangige Aufgabe der Wischer war die Beseitigung eines überaus demokratischen Instrumentes römischer Meinungsäußerung. *Graffiti*.

Roms Wände waren mit Unmengen mehr oder minder kunstvoller Unflätigkeiten geradezu übersät. Da war kaum ein Nuncius, Puncius oder Struncius, der nicht auf irgendeinem Graffiti in eine ebenso unchristliche wie auch unkeusche Handlung verstrickt war.

Aber auch die der Schrift mächtigen Künstler hatten ihrer Fantasie freien Lauf gelassen und Schimpfworte kreiert, die selbst den heidnischsten Heiden erröten ließen. Da sich aber die jeweiligen Herrscher Roms in der Regel lediglich um die Entfernung der sie betreffenden Bilder gekümmert hatten, waren die Häuserwände im frühchristianisierten Rom des Jahres 372 eine einzigartige Sammlung inspirierender Beleidigungen und Schweinereien. *Zu inspirierend* für das erstarkende Christentum, das im Begriff stand, die Leute für monogame heterosexuelle Akte hinter verschlossenen Türen zu begeistern.

Und hier kam der *Tergor Dei* ins Spiel.

Die denkwürdige Nacht, in der die Wischer des Herrn zum ersten Mal mit ihren Wischlappen und Farbbottichen ausrückten, würde vielen Römern lange im Gedächtnis bleiben. Am folgenden Morgen nämlich sahen einige von ihnen zum ersten Mal in ihrem Leben eine *weiße Wand*.

Wenige Stunden später war der wundersame Anblick freilich vorüber. Denn es gab mehr als genug Beleidigungen und zu Beleidigende in der Stadt, als dass sich nicht jemand gefunden hätte, sie mithilfe eines Pinsels auch zu beleidigen.

Hier und in der ungebrochenen Motivation römischer Häuserbeschmierer lag das zentrale Problem der Wischer Gottes.

Das seiner Schrauber war anders gelagert:

Die Römer nämlich waren stolz auf ihre Helden. Jeder Politiker, Philosoph, Dichter oder Feldherr, der sich jemals aus dem Dunkel römischer Mittelmäßigkeit geschält hatte, genoss sein Scherflein völkischer Verehrung. Und so standen in den Straßen nun auf zahllosen Stelen unzählige Büsten herum, nur weil der Dargestellte irgendwann einmal irgendetwas geleistet hatte.

Am liebsten hätte Damasius sie alle zertrümmert und die Errungenschaften all jener Politiker, Philosophen, Dichter und Feldherren stattdessen Jesus, Moses und einigen Heiligen zugesprochen. Da aber hätte die römische Volksseele aufbegehrt! Wusste sie doch, dass weder Jesus noch Moses bei Zama gegen Hannibal gezogen waren, und Plato definitiv kein frühchristlicher Märtyrer war.

Und so mussten die Büsten eben stehen bleiben. Zu allem Unglück waren die meisten jener *„einstmals etwas geleistet Habenden"* nicht uneitel und dementsprechend bemüht gewesen, sich selbst in ein vorteilhaftes Licht zu rücken. Da es ihnen aber Kraft ihres Gesichtes nur selten gelungen war, hatten sie sich auf sekundäre Charakteristika konzentriert, die nunmehr die Schrauber des Herrn beschäftigten. Es ging, und wie hätte es bei einem solchen Volk auch anders sein können, um Potenz.

An beinahe jeder dritten Stele innerhalb der Grenzen Roms prangte der Beweis für die außerordentliche Männlichkeit des Dargestellten, ein in der Regel massiver, metallener und in die steinerne Säule eingelassener Phallus.

Die Aufgabe der Schrauber Gottes bestand in der unauffälligen Entmannung alter römischer Dichter und Denker. Diese wurde, ebenso wie das Streichen der Wände, vornehmlich nachts vorgenommen, um die Menschen nicht unnötig zu irritieren.

Wischer und Schrauber entwickelten ihr Gewerbe innerhalb eines halben Jahres beinahe zur Vollkommenheit. Im Streichen von Wänden und Abschrauben primärer Geschlechtsmerkmale machte ihnen bald keiner mehr etwas vor.

Beide Organisationen aber vermochten ihre segensreiche Tätigkeit nie vollends zu entfalten, was vor allem darauf zurückzuführen war, dass Damasius es als weise erachtete, ihre Arbeit wie eine Art christlichen Wettstreit anzulegen und dem Oberhaupt der Organisation, die im Laufe eines Jahres die beste Arbeit leistete, den Posten eines Kardinals samt römischer Titelkirche in Aussicht zu stellen.

Der Ehrgeiz der Schrauber und Wischer war geweckt.

Während des ersten halben Jahres waren beide Gruppen bemüht, sich das Wohlwollen des Papstes durch Fleiß zu verdienen. Aber gerade das führte gerade dazu, dass es dem guten Damasius schwerfiel, einen Sieger zu bestimmen, was er seine Schrauber und Wischer auch wissen ließ.

Bruder Johannes Megaclavus, erster Schrauber des Herrn jener Tage, war so siegessicher, dass diese Nachricht ihn wie ein Schlag traf.

Petrus Lautus, dem ersten Wischer, erging es nicht anders. Beide fielen aus allen Wolken, wo sie sich auf lange Sicht schon in der Mitte der Heiligen gewähnt hatten.

Abgesehen davon, bloßen frommen Fleiß an den Tag zu legen, galt es ihnen also fortan, einen Weg zu finden, die außerordentliche Bedeutung des eigenen Ressorts hervorzuheben.

Zunächst steigerten beide Gruppen ihre Effizienz und Konsequenz. Der *Tergor Dei* stellte eine Delegation ab, die eigens für das Einfangen und Aufbringen aufmüpfiger Wandverschandler ausgebildet wurde und dabei nur bedingt christlich zu Werke ging. Das übliche Prozedere war: Schmierfink auf frischer Tat ertappen, von seiner Leiter werfen, Pinsel wegnehmen und in derben Worten andeuten, was man mit besagten Pinseln anstellen würde, wenn Schmierfink sich noch einmal erwischen ließ.

Das hatte zur Folge, dass innerhalb der Stadtgrenzen bald bloß noch ausgemachte Masochisten mit einem Pinsel im Gepäck anzutreffen waren.

Der *Vertitorium Dei* musste derweil vor allem einfallsreiche Nachfahren geschlechtsberaubter einstiger Heroen in den Griff bekommen: Einige Familien nämlich schienen der Ansicht, dass die geraubte Manneskraft ihrer

Vorfahren ein schlechtes Licht auf sie selber warf, weshalb sie, kaum dass die Schrauber am Werk gewesen waren, den Säulen neue und nicht selten ungleich größere Exemplare anschrauben ließen.

Herr der Situation wurden die Schrauber erst, als nach entsprechenden Razzien alle Schmiede der Stadt ihre Phallusgussformen eingebüßt hatten.

Von da an mussten die Schrauber bloß noch einsammeln, was da war.

Wieder hatten beide frommen Brüder ihr Bestes gegeben, was kaum etwas anderes als einen weiteren Gleichstand zur Folge haben konnte. Und obwohl die Gleichheit an sich ein nicht unchristliches Ziel ist, ist sie beim Streben nach höheren Posten doch hinderlich. Aus diesem Grund verfielen Megaclavus und Lautus, um alles andere als um Gleichheit bemüht, nunmehr darauf, sich zweifelhaft zu verhalten.

In diesem Rahmen machte eine neu begründete Untergruppe der Schrauber sich zunächst mit Pinsel und Farbe vertraut, während sich einige der Wischer, nach umständlicher Herstellung einiger Gussformen, der Schmiedekunst zuwendeten.

Den nachfolgenden Schmierereien und Zeugungsorganen war anzumerken, dass sie eines anderen Geistes Kind waren. Den Urhebern ging es nämlich ganz augenscheinlich weniger um die rückhaltlose Beleidigung verhasster Individuen oder die Lobpreisung besonderer Manneskraft, sondern vor allem um das Füllen von Wänden und Bestücken von Säulen.

Und da das Christentum in puncto Beleidigung, heute wie damals, weit hinter anderen Kulturen her hinkt, waren die neuen Graffiti in jeder Hinsicht einfallslos und die gekritzelten Schmähungen bestenfalls langweilig. Mehr als „dreckiger Ketzer" schien einfach nicht drin zu sein.

Nicht anders verhielt es sich mit den frisch geschmiedeten Phalli.

Den Christen fehlte eine jahrhundertealte Kultur des Potenzgeprotzes, weshalb es sich bei den neuen Modellen ausnahmslos um realistische Größen handelte. Dieses Merkmal war dermaßen verräterisch, dass kein Zweifel daran bestehen konnte, dass die Urheber aufrichtige Christenmenschen mit Anstand und Moral waren. Allerdings solche, die versuchten, dem konkurrierenden geheimen Dienst die wohlverdienten Früchte seiner gottgefälligen Arbeit streitig zu machen. Und das würden sich weder die einen noch die anderen gefallen lassen!

In den folgenden Wochen verloren Wischer und Schrauber ihre eigentlichen Aufgaben immer mehr aus den Augen und verwendeten den größten Teil ihrer Energie darauf, die Arbeit der anderen zu sabotieren. Die halbe Nacht lang beschmierten päpstliche Schrauber römische Wände, während päpstliche Wischer römische Schwänze schmiedeten. Und den Rest der Nacht verbrachten sie damit, sich gegenseitig die Schädel einzuschlagen.

Das Ergebnis war, dass nach Ablauf des vom Papst zur Frist gesetzten Jahres die Wände Roms verschandelter waren als je zuvor. Darüber hinaus wurden inzwischen seitens der Schrauber, um das vollkommene Versagen der Wischer herauszustellen, auch Tonkrüge, Fuhrwerke und sogar kleine Kinder beschmiert.

Was die Büsten anging, hatten die Saboteure sich allerdings ebenfalls nicht lumpen lassen. Statt dass nämlich, wie angedacht, der eine womöglich vorhandene Phallus entfernt worden wäre, fanden sich an den meisten Säulen inzwischen zwei oder auch drei weitere.

Lange Zeit gelang es seinen Beratern, den Papst von seinen Spaziergängen, durch die Straßen seiner Stadt abzuhalten.

Irgendwann gelang es ihnen nicht mehr.

Damasius I. erholte sich nur langsam.

Sein erster offizieller Akt, kaum dass er wieder eine Schreibfeder halten konnte, war die sofortige Auflösung der geheimen Dienste des *Vertitorium* und *Tergor Dei* und die Exkommunizierung von Johannes Megaclavus und Petrus Lautus.

Der entrechtete Lautus konnte die Schmach nie recht verwinden. Er pflegte sich eine Zeit lang mit einem Pinsel unter dem Mantel in die Messe zu schleichen und beim Abendmahl den Priester zu beschmieren.

Die kurze restliche Zeit seines Lebens beschmierte er dann allerdings bloß noch den Gefängnisgeistlichen.

Megaclavus traf es besser. Was vor allem daran lag, dass er die meisten abgeschraubten Schwengel nicht eingeschmolzen, sondern in einem geheimen Lagerhaus am Tiber verborgen hatte. Zunächst machte er seinen Schnitt als fahrender Händler. Später verkaufte er dann bloß noch das Metall. Zentnerweise und bevorzugt an die Kirche.

Den Schrauber des Herrn jedenfalls machten die alten Schwänze des Imperiums zu einem reichen Mann.

Davon abgesehen war er wahrscheinlich der einzige Mensch, dem bekannt war, woraus das große kupferne Kruzifix des Petersdoms wirklich besteht.

Hinteralfing, der Bischof und die Brüder vom Loisachtal

Irgendwo im Süden Bayerns liegt das kleine Loisachtal.

Ein malerisches Fleckchen Erde, wo das Gras grüner und die Luft klarer ist als im Rest des Landes. Hier wird bayrische Mundart gepflegt, und die Kirche ist gewöhnlich ebenso gut besucht wie die Gasthöfe im nahen Hinteralfing. Ein Ort mit Geschichte, über den Ludwig II. sogar ein Gedicht geschrieben haben soll, das aber der Nachwelt leider nicht erhalten geblieben ist.

Nichtsdestotrotz ist man sich in Hinteralfing der Tradition bewusst. Satellitenschüsseln sind ebenso verpönt wie oberhalb des Knies endende Röcke, und weder Feuerwehr noch Trachtengruppe können sich über Nachwuchs beschweren.

Die Uhren hier gehen anders.

Wenn sie denn gehen.

Der Ort ist so ursprünglich, dass die Familiennamen der Ehegatten schon vor der Ehe die gleichen sind. Und selbst auf den Grabsteinen der näheren Umgebung finden sich kaum mehr als drei verschiedene Namen.

Das Loisachtal ist das wohl harmonischste Funkloch Deutschlands, und Harmonie beherrscht das Leben der Menschen und Tiere, die in gegenseitigem Respekt friedlich nebeneinander existieren. Ein Idyll, wo selten jemand überfahren wird und kaum einer irgendwo herunter springt.

Dieser tiefe Frieden hat aber womöglich noch einen anderen Ursprung, denn über dem Tal schwebt die schützende Hand des heiligen Franziskus. Unweit von Hinteralfing betreiben zwölf fromme Brüder ein kleines Franziskanerkloster, das die gesamte nähere Umgebung mit erstklassigem Bier, Käse, Kräutern und mitreißenden Sonntagsmessen versorgt.

Touristen, die Freude an der unverfälschten Lebensweise des Ordens und alternativ franziskanischen Produkten haben, bestreiten den größten Teil der Einkünfte des Klosters und des nahen Ortes.

Das Kloster selbst ist – dem Wesen des Ordens entsprechend – ein schlichter romanischer Bau, in dessen von wildem Wein überwucherten Außenmauern allerlei Vögel nisten. Im Refektorium finden sich eindrucksvolle Gemälde unbekannter Maler und im ganzen Tal gibt es wohl keinen ruhigeren Ort als das Dormitorium der frommen Brüder, deren Klostereingangshalle eine der schönsten klassischen Kupfereinlegearbeiten überhaupt beherbergt.

Dabei handelt es sich um eine Tafel, auf welcher der berühmte mittelalterliche hochherzogliche Kupferschmied

Ansgar von Wolkenau – seines Zeichens und seiner Zeit ebenfalls Franziskaner – die sieben Todsünden auf mahnende Weise in prunkvolle Buchstaben gebannt hat.

Und während die einen den Ort des Käses und Weines wegen aufsuchen, kommen die anderen einzig dieser Tafel wegen, die in der Welt ihresgleichen sucht.

Die friedliche Eintracht der Hinteralfinger und der frommen Brüder aus dem kleinen Loisachtal besteht seit Jahrzehnten. Man steht einander bei, hilft einander aus, feiert und betet gemeinsam. Und wenn es doch einmal Querelen oder Probleme gibt, dann lösen sie sich durch einen Mechanismus in Wohlgefallen auf, der ebenso gottgefällig wie auch einfach ist und der das Loisachtal jedes Jahr aufs Neue mit Freude, Jubel und Spannung erfüllt: *Das Spiel*.

Traditionell traten dafür an jedem siebten Juli, am Tag des Heiligen Willibald, die Hinteralfinger Handwerker in ihren Zunftgewändern und mit ihren Gesellen gegen die Franziskaner in ihren Kutten zu einem Fußballspiel an. Dies war eines der größten Spektakel, die die Gegend kannte und allenfalls noch mit dem Sumfinger Schützenfest zu vergleichen, das aber bei weitem keinen so guten Ruf hatte.

Durch einen Talentscout des FC Bayern München wurde im Rahmen dieses Spieles vor einigen Jahren sogar ein junger Franziskanerbruder den Armen des Herrn entrissen, worüber man in der Gegend ungern, aber mit einem gewissen Stolz zu sprechen pflegt.

Während der Zeit des Spiels wurden die sonst so wertgeschätzten Touristen im kleinen Loisachtal mit weit weniger Aufmerksamkeit bedacht.

Annähernd alle Einwohner verfielen für einige Tage in einen geradezu ekstatischen Fußballrausch, in dessen Zug Traktoren und Fahrräder mit Wimpeln geschmückt wurden und der ortseigene Sportplatz, derweil die Hinteralfinger Auswahl trainierte, für jedwede unfußballerische Aktivität gesperrt wurde. Ebenso wie auch der hintere Klosterhof, das Franziskanertrainingslager, das Touristen innerhalb der besagten Zeit mit geheimnisvollen Andeutungen vorenthalten wurde.

Zwei Wochen vor dem Spiel ließen Fleischer, Schneider, Bäcker und Bürgermeister die Geschäfte gewöhnlich von ihren Ehefrauen erledigen, und die Brüder im heiligen Franz widmeten sich zwischen den Gebeten weniger Kräutergarten und Käserei als vielmehr dem Ball.

Jedes Jahr stand das kleine Loisachtal für zwei Wochen im Zeichen des Fußballs. Findige Beobachter analysierten die Ergebnisse vergangener Spiele, errechneten die Quoten für das Wettgeschäft, und da war kaum jemand in der Umgebung, der nicht zumindest ein wenig Erspartes auf die eine oder andere Mannschaft setzte. Abgesehen vielleicht vom Huberbauern, der bei einer solchen Wette vor einigen Jahren seinen Hof und all seine Felder verloren hatte.

In der Regel blieben die Einsätze jedoch überschaubar.

Seit nunmehr fünfzig Jahren dauerte die traditionelle Vorbereitung für jenes Spiel genau besagte zwei Wochen.

Dieses Jahr aber gewahrte Bruder Pankratz bereits während eines Besorgungsganges im April die Abwesenheit des Fleischers in seinem Geschäft. Auf dem Heimweg ins Kloster machte er ihn dann im geräumigen Innenhof des Rathauses aus, wo er mitsamt den übrigen Mitgliedern seiner Mannschaft im Begriff stand, sich heimlich warm zu spielen. Und das bereits *mitten im April!*

Das war drei Monate vor der Zeit.

Dieser regelbrecherische Ehrgeiz mochte aus der letztjährigen 4:1 Niederlage resultieren oder auch daraus, dass das Dorf drei Jahre in Folge gegen den Orden verloren hatte. Woran es aber auch liegen mochte, kaum hatten die Brüder davon erfahren, beschlossen sie, jene wenig faire und unchristliche Vorverlegung der Trainingseinheiten, anstatt sie zu verdammen, einfach zu übernehmen.

Und während das Kloster für die Touristen weitgehend geschlossen wurde und man auch hier mit dem Training begann, zeichnete sich in Hinteralfing bereits das nächste Kapitel der Regeländerungen zur Vorbereitung des Spektakels ab: Fleischermeister Erwin Oechsle hatte einen Lehrbuben mit Namen Alfons. Der war nicht gerade einer der hellsten, doch würde Oechsle ihn schon durch die Lehrzeit bringen, wenn er nur recht fleißig war. Und das war der junge Alfons. In der Regel stand er um fünf Uhr in der Früh auf, mühte sich bis abends in der Schlachterstube und war den Brüdern als mäßiger Verteidiger bekannt.

Als Bruder Wolfgart den Alfons zwei Tage später unten an der Loisach beim Angeln erblickte, begann er zu stutzen. Der Bursche hätte entweder in der Fleischerei oder beim Training sein müssen, das die Hinteralfinger heimlich vom Zaun gebrochen hatten.

Also kaufte Bruder Wolfgart Wurst. Vor allem, um mit der Frau des Fleischers ins Gespräch zu kommen. Die Oechslerin war auch nicht besonders gescheit, und so brauchte es nicht viel, und der fromme Wolfgart hatte eine weitere Ungeheuerlichkeit in Erfahrung gebracht, die er mit wehender Kutte heim ins Kloster zu den Brüdern trug. Die staunten nicht schlecht, als er ihnen offenbarte, was er von der Oechslerin gehört hatte. Der Fleischer hatte einen neuen Lehrling, einen gewissen Paulinho. Der stammte nicht von hier, sondern vielmehr aus Brasilien.

Das war eine außerordentliche Unglaublichkeit!

Bruder Bernhards Vorschlag, dem neuen Lehrling ein Bein zu brechen, wurde von den meisten anderen Brüdern für unchristlich befunden. Darum blieb ihnen kaum mehr übrig, als zuzusehen, wie sich alsbald auch die Lehrlinge des Bäckers, des Schuhmachers und der Praktikant des Bürgermeisters in brasilianische Burschen verwandelten, die die Aufgaben ihrer Vorgänger mehr schlecht als recht erfüllten.

Der diesjährige Sieg schien den Hinteralfingern tatsächlich einiges wert zu sein.

Doch sie hatten die Rechnung ohne den heiligen Franz gemacht.

Bruder Cajetanus, dem die Korrespondenz des Klosters oblag, war nämlich ebenso in weltlichen wie geistlichen Dingen bewandert und wusste, was getan werden musste. Umgehend setzte er ein Schreiben auf, das sich an die Pressestelle eines bedeutenden Sportschuhherstellers wandte.

Während der letzten Tage hatte ein gutes Dutzend Touristenbusse unverrichteter Dinge den Klostervorplatz wieder verlassen müssen. Gegenwärtig hatten die Klosterbrüder anderes im Kopf als Käse oder Kräutersäckchen. Die Schränke und Regale waren leer und würden sich bis zum Heiligen Willibald auch nicht füllen. Basta.

Schließlich galt es, den hochmütigen Hinteralfingern etwas entgegenzusetzen!

Und während besagter Sportschuhhersteller der klösterlichen Gemeinschaft eine Woche später zwölf Paar feinste mit Gel-Luftgemisch gepolsterte Profifußballschuhe zur Verfügung stellte, hatte Bruder Cajetanus bereits Kontakt mit dem Bruder eines ehemaligen Fußballnationaltrainers aufgenommen.

Zeitgleich mit den Fußballschuhen erreichte den Orden ein freundliches Schreiben des Bischofs von Niederesching, der auf einer kleinen Rundfahrt durch seine Diözese auch im Kloster Loisachtal vorbeizuschauen gedachte. Das Schreiben wurde jedoch, da es in einem unscheinbaren Umschlag steckte, übersehen und landete schließlich ungelesen im Altpapier.

Der Nationaltrainerbruder sagte zu. Und kaum dass er ankam, kickten die Franziskaner sich die Füße wund. Nun wurde das gesamte Kloster Trainingsareal. Während im Innenhof Probespiele absolviert wurden, wärmten die Brüder sich im Kreuzgang auf. In der Kapelle wurden Hindernisläufe absolviert, während das Refektorium für Ausdauertraining und die Eingangshalle für Torwartübungen reserviert war. Zumindest bis der dem Sturm zugeteilte Bruder Pius im Übermut kurz vor Komplet das kunstvolle Kupferschild Ansgar von Wolkenaus mitsamt den darauf befindlichen sieben Todsünden von der Wand kickte.

Die Brüder beschlossen, Wollust und Völlerei zu gegebener Zeit wieder ausbeulen zu lassen und waren sich einig, dass das Ganze bis zum Heiligen Willibald warten könne.

Dann gingen sie beten.

In Stollenschuhen.

Während der folgenden Wochen erhielten die regionalen Reisebüros erboste Beschwerden von Touristen, denen in Prospekten eine Besichtigung des Loisachklosters und die Möglichkeit zum Erwerb franziskanischer Delikatessen zugesichert worden war.

Die Angestellten jener Reisebüros ihrerseits riefen nicht minder erbost im Kloster an und füllten den Anrufbeantworter des gerade im Torwarttraining befindlichen Bruders Cajetanus. Bis dieser schlussendlich beschloss, das Telefon bis zum heiligen Willibald auszustöpseln, wodurch ihm unter anderem ein persönlicher Anruf des Bischofs von Niederesching entging, der den Termin seines nahenden Besuches klären wollte.

Bald blieben die Touristen fern.

Und auch andere Liebhaber Hinteralfinger Brot- und Wurstwaren fuhren nun zum Einkaufen rüber nach Sumfing. Obwohl sich spürbar abzeichnete, dass sich drei Monate ohne Tourismus erheblich von bloßen zwei Wochen unterscheiden würden, behielt man den eingeschlagenen Kurs bei.

Bis schließlich die letzten zwei Wochen anstanden und das Training öffentlich wurde.

Alle machten gute Miene. Die Hinteralfinger zum Trainer der Franziskaner und die Franziskaner ihrerseits zu den brasilianischen Lehrlingen. Und in diesen letzten beiden Wochen wurde noch härter trainiert als zuvor.

Als Bruder Servatius sich schließlich den Fuß verstauchte, war es bloß noch ein Tag bis Willibald und zugleich der Tag, an dem der Bischof von Niederesching beschloss, im Loisachkloster nach dem Rechten zu sehen.

Wie immer wurde das Spiel inmitten des Tales ausgetragen, auf einem kurzgestutzen Feld, das einmal dem Huberbauern gehört hatte. Um das Spielfeld wurden Wimpel geschwenkt, die entweder den heiligen Franz oder aber das Wappen des Ortes trugen, eine beölzweigte Taube und drei Kornähren über der sich windenden Loisach. Wurststände und Bierbuden standen herum, und ein findiger Geschäftsmann von außerhalb verkaufte alberne Fußballhüte.

Während die Bruderschaft den humpelnden Servatius dazu verdonnert hatte, das Kloster zu beaufsichtigen, waren im Ort an diesem Tag nicht einmal mehr die Frauen in den Läden. Sie alle standen geschlossen am Spielfeldrand und Groß und Klein fieberte dem Spiel entgegen. Die erste Spielhälfte würde sich zwar über das Vespergebet erstrecken, die Brüder aber würden in der Halbzeit nachbeten.

Während die örtliche Blaskapelle dann den Loisachmarsch, das beliebteste Stück der Hinteralfinger Volksmusikkoryphäe Sepperl Hillinger, schmetterte, traten die Mannschaften an.

Zunächst die Meister mit ihren Lehrlingen.

Allesamt, wie die Tradition es wollte, in ihrer Berufskleidung.

Dann die Franziskaner, die in ihren Kutten an der Mittellinie aufliefen. Als sie die Kutten hoben, da schluckten ihre Gegner. Denn die High-Tech-Fußballschuhe der Brüder würden die Brasilianer mit Sicherheit wettmachen!

Kaum, dass die letzten Noten des Marsches verklungen waren, pfiff der Bürgermeister des benachbarten Sumfing das Spiel an.

Eben das war in etwa auch der Zeitpunkt, als der Bischof von Niederesching ans Tor des Klosters schlug. Zunächst tat sich nichts. Dann aber war das Rasseln von Schlüsseln zu vernehmen, und knarrend öffnete sich die Tür, um den Blick auf einen humpelnden Mönch mit verbundenem Fuß freizugeben.

Der Bischof war anfangs etwas irritiert, denn dieser hier war nicht Bruder Pius, der die Aufgabe des Torwächters, aber zugleich auch die des Liberos innehatte.

Die Frage nach dem Verbleib seiner Brüder beantwortete Servatius, der sein Gegenüber freilich erkannt hatte, vorsichtig, aber wahrheitsgemäß. Insgeheim hoffte er auf das Verständnis des päpstlichen Gesandten, der – so Gott wollte – womöglich selbst ein Freund des Sportes war und darob Nachsicht üben würde.

Der Gesichtsausdruck jedoch, den der Bischof an den Tag legte, kaum dass Servatius das Wort *Fußball* erwähnte, war nicht zu deuten. Und die Tatsache, dass der Bischof nach dem reumütigen Vortrag des Franziskaners dennoch das Kloster zu besichtigen wünschte, erschien Servatius alles andere als vorteilhaft.

Als der Bischof den verwahrlosten und von Fußballstollen zerrütteten Kräutergarten in Augenschein nahm, scholl der Jubel der Hinteralfinger Fans über die Mauer, die ein Tor des Fleischerlehrlings Paulinho feierten.

Und als der Bischof an den Wänden des Refektoriums statt der Gemälde unbekannter Meister großformatige Zettel mit Spielzügen und Positionsanalysen entdeckte, vernahm er die begeisterten Ausrufe der Franziskanerfans, die den Ausgleichstreffer bejubelten.

Als er schließlich in der Eingangshalle die lädierte kostbare Kupferarbeit Ansgars von Wolkenau fand, fiel das Tor, welches das Spiel schlussendlich entscheiden sollte. Während der Jubel schier kein Ende zu nehmen schien, hob der Bischof das Schild mit den sieben Todsünden empor und strich wehmütig über Wollust und Völlerei, die sich recht elend und verbeult ausnahmen.

Der Bischof war ein Mann der Tat.

Kaum, dass Servatius ihm den Weg zur Werkstatt gewiesen hatte, stand er bereits mittendrin, krempelte seine Ärmel hoch und sammelte zusammen, was vonnöten war. Wie er dann die kupfernen Ersatzlettern und das entsprechende Werkzeug hervorzog, beendete der Pfiff des Bürgermeisters von Sumfing die erste Halbzeit.

Als die Franziskaner in ihr Kloster zurückkehrten, war es spät geworden.

Einige trugen Fußballhüte, andere waren betrunken, und bei einigen wenigen war auch beides der Fall.

Das Ergebnis des Spieles jedenfalls war Grund genug gewesen, nicht nüchterner als nötig heimzukehren.

Als sie nun aber mit ihren Profifußballschuhen über der Schulter in die Eingangshalle traten, waren sie von einem Moment auf den anderen allesamt wieder vollkommen nüchtern.

Mit offenen Mündern staunten die Brüder empor.

An der Stirnwand der Halle prangte, als ob es nie herabgefallen wäre, das Sündenschild des Ansgar von Wolkenau.

Wollust und Völlerei erstrahlten in altem Glanz, und alle Todsünden schimmerten funkelnd auf sie hernieder. Keine der sieben beeindruckte die Brüder wirklich. Die Wurzel ihres Staunens war etwas anderes: die *achte* Todsünde, die frisch poliert direkt unter den anderen prangte: *Fußball.*

Ebenso wie das Bier werden sich Loisachklosterkäse und -küchenkräuter ihren Ruf erst zurückverdienen müssen. Ob sie es vermögen, ist ungewiss.

Gewiss hingegen ist, dass die Franziskaner des Loisachtalklosters kaum je wieder Fußball spielen werden.

Allerdings gibt es Verhandlungen.

In der Gegend raunt man von Hockey und Golf.

Was auch immer es aber werden wird, die Klostergemeinschaft blickt ihrer sportlichen Zukunft gelassen entgegen.

Denn auf der Tafel Ansgar von Wolkenaus ist kein Platz mehr für eine weitere Sünde.

Nirgends sündigen Sie günstiger

Ablass

Vergebung jetzt, Sünde später

Der Besitz dieses Schriftstückes
ermächtigt den Inhaber zum quasi vorab
vollständig vergebenen Begehen
einer Sünde seiner Wahl.

Der Sünder ist dazu verpflichtet,
den Ablass nach dem Sündigen durch
seitlich mittiges Anreißen zu entwerten.

Mehrfacher Gebrauch eines Ablasses
sowie Erstellen und/oder in Umlauf Bringen
falscher oder verfälschter Ablässe
wird mit ärger nicht unter viel bestraft.

Bitte beachten Sie,
dass für die Vergebung einer der sieben Todsünden
(als auch der vier Beinahe-Todsünden entsprechend Bibel 2.1)
der Erwerb eines Ablass Plus oder einer
Schachtel Ultrakromm 2000™ vonnöten ist.

Wenden Sie sich diesbezüglich
vertrauensvoll an unsere Mitarbeiter/innen.
Bezüglich weiterer Details lesen Sie bitte
die Geschäftsordnung der IG Ablass-
und Reliquienhandel w.e.V.

Denn Ablasshandel ist Vertrauenssache

Sankt Popstar

Die Entdeckung der sterblichen Überreste des zu Lebzeiten bereits hingebungsvoll verehrten heiligen Drusophillus in einer Kohlegrube bei Bochum im Jahre 2004 ließ einen Ruck durch die katholische Kirche gehen. Dieser Fund eröffnete ungeahnte Möglichkeiten. Sofort erkannten führende christliche Imageberater, dass der heilige Drusophillus nicht nur den schwindenden Einfluss der Kirche auf das gesellschaftliche Leben stärken, sondern auch kirchensteuerliche Ausfälle kompensieren könnte. Die Zauberworte hießen Betriebswirtschaft, Marketing und Public Relations. Dies war der erste Heilige seit Langem, und der erste, der sich inmitten eines Zeitalters multimedialer Exzesse hatte finden lassen. Der heilige Drusophillus war eine Chance.

Auch wenn Drusophillus lediglich der Schutzheilige verschiedener Insekten war, hatten besagte Imageberater ihm innerhalb eines Monats eine Kampagne auf den Leib geschrieben, die ihn sowohl für junge Musiksender, das öffentlich rechtliche Kulturprogramm, als auch zweideutige Privatsender attraktiv machte. All das in der Gewissheit der Flexibilität des Marktes und des Umstandes, dass es nicht mehr darum ging, *was*, sondern *wie* man es verkaufte. Man pries ihn als Urvater des Hip-Hop, Schüler des griechischen Philosophen Legasthenes und Verfasser des mitteldeutschen Kamasutras und machte sich eilig daran, entsprechende Tonträger und Bücher zu vermarkten, die von arbeitslosen Priestern mit Schweigegelübde verfasst wurden. Die Tatsache, dass sowohl Bücher als auch CDs sich hernach an die Spitze Verkaufscharts drängelten, führte kurz darauf zu der – zugegebenermaßen teilweise improvisierten – Entdeckung der heiligen Absinthius und Gruvius, denen zugestanden wurde, jeweils der Schutzheilige der Metalmusik respektive des Soul zu sein, den Schnaps beziehungsweise Viagra und außerdem die letzten vier Buchstaben des Alphabetes und im weitesten Sinne das Fernsehen erfunden zu haben.

Nach einer entsprechenden Änderung erfreute der schulische Religionsunterricht sich deutschlandweit plötzlich immenser Beliebtheit. Desorientierte konfessionslose Jugendliche fanden in den Schoß der Kirche zurück.

Eminems Musikvideo mit Bildern seiner Ausgrabung hob die Street Credibility des Heiligen Drusophillus um ein vielfaches, während Motörhead bei einem Stadionkonzert Flaschenöffner in Form des heiligen Absinthius verteilten und die „Ultimate James Brown Collection" auf dem Gruviuslabel erschien. Die Kassen des Vatikan, der die Rechte an den Heiligen hielt, füllten sich stetig. Der lohnendste Streich wurde jedoch ohne Zweifel das Fernsehformat „Sankt Popstar", in dessen Rahmen sich vierzig der beliebtesten Heiligen dem Votum der Öffentlichkeit zu stellen hatten. Die Jury war mit Kardinal Ratzinger, dem Dalai Lama und jemandem, der Mutter Theresa persönlich kannte, geradezu klassisch besetzt. Das Publikum konnte für seine Lieblinge voten und für das Viertel- und Halbfinale hatten sich prominente Fernsehprediger angekündigt.

Außerdem konnten verschiedene Heiligenpredigten als Handy-Klingeltöne abgerufen werden.

Dem Gewinner der Sendung kam nicht zuletzt der prestigereiche Titel „Sankt Popstar" zu, er bekam zudem ein eigenes Modelabel und eine Fernsehsendung.

In den Kirchen lief unterdessen die Märtyrer-des-Monats-Aktion auf Hochtouren und im Teleshop verzeichneten die 120 Powerpsalme Verkaufsrekorde.

Gespannt zu erwarten bleibt der Börsengang der Kirche, der vornehmlich der Finanzierung dreier großer christlicher Erlebnisparks dient, die Disneyland Konkurrenz machen sollen.

Überdimensionierte Schaumstoffkostüme verschiedener Heiliger sind bereits in Arbeit.

Die katholische Kirche hat die Zeichen der Zeit zu deuten verstanden, und sich einen Platz an der Spitze der multimedialen Erlebnis- und Vergnügungslandschaft gesichert.

Sie bestreitet allerdings noch immer, im Zuge hoch dotierter Sponsorenverträge einigen namhaften Firmen eine Erwähnung im Vaterunser angeboten zu haben.

Neue Wege
Die Zukunft der Religionstechnik nach dem Weihnachtsdebakel

Christian Science Today spricht mit dem Pressesprecher der Religionstechnischen Behörde, Kardinal Dee Estrin.

CST

Kardinal Estrin, Gegenstand unseres heutigen Gespräches ist der in den letzten Wochen zunehmend ins Kreuzfeuer geratene elektronische Prediger. Wie ist Ihre Position zu diesem Thema?

KDE

Nun, ich denke, zunächst sollten die Probleme der jüngsten Vergangenheit in ein direktes Verhältnis zu den früheren Leistungen der Gerätereihe gesetzt werden.

CST

Das bedeutet konkret?

KDE

Eine Berücksichtigung der *Erfolge* des Predigers vor seiner widerrechtlichen und kriminellen Manipulation.

CST

Sie sprechen von den Erfolgen eines Gerätes, mit dessen Entwicklung vor knapp zwanzig Jahren im Zuge der ökonomisch motivierten Fusion von katholischer und protestantischer Kirche begonnen wurde?

KDE

Das ist richtig. Und noch während die seinerzeit gegründete Kongregation zur Glaubensangleichung an der vereinheitlichten Bibelausgabe v 2.01 arbeitete, war es Kardinal MacGyver, der das ambitionierte Projekt namens „Elektronischer Prediger" initiierte.

CST

Sie benutzen an dieser Stelle das Wort *ambitioniert*, aber wenn ich recht informiert bin, war das vordergründige Ziel bei der Entwicklung des Gerätes doch die Einsparung von Arbeitskräften?

KDE

Im weitesten Sinne, ja. Aber uns ging es natürlich auch um die Steigerung der Effizienz. Allein die ersten zwölf in New Faith aufgestellten elektronischen Prediger hielten bereits am Tag ihrer Installation eine bemerkenswerte 72-Stunden-Predigt!

Außerdem erschien es uns praktisch, Auftreten und Erscheinungsform des geistlichen Hüters an sich zu vereinheitlichen. Wissen Sie, es gibt einem schon ein Gefühl von Sicherheit, wenn man seine Beichte im Urlaub bei dem gleichen Gerät wie daheim ablegen kann.

Und natürlich wollten wir den Prediger dabei auch als Marke etablieren.

Außerdem war seine Wartung vergleichsweise wenig aufwendig. Nur zwei Techniker konnten den reibungslosen Gottesdienstverlauf in bis zu zwanzig Gemeinden gewährleisten!

Auch sollten wir in diesem Zusammenhang nicht vergessen, dass den menschlichen Pfarrern und Pastoren durch ihre Freistellung die Möglichkeit zur Resozialisierung gegeben wurde.

CST

Wenn Sie an dieser Stelle das Thema Effizienz ansprechen, dann würde ich Ihnen gern die Frage stellen, wer denn die vorläufige Sprachauswahl der Baureihe traf?

KDE

Nun. Das erste, mit den wichtigsten christlichen Sprachen Latein, Englisch, Deutsch und Finnisch ausgestattete Modell war, wenn ich mich recht entsinne, durch Bischof Aki Hukinnen von der Papstkooperative abgesegnet worden. Das zweite Modell entstand, als den Entwicklern um Kardinal MacGyver bereits wesentlich mehr Freiheiten zugestanden worden waren. Es war mit einer Übersetzungssoftware für 172 Sprachen ausgestattet, die für das dritte Modell schließlich auf 223 erweitert und mit einer Dialektroutine versehen wurde.

CST

Und dann begann die wirtschaftliche Nutzung des Gerätes.

KDE

Die Überstellung des elektronischen Predigers erfolgte zu einem recht erschwinglichen Preis, zumal die Gemeinden ja die Gehälter der Geistlichen einsparten. Außerdem bot das Gerät eine 24-Stunden-Dauerpredigt-Option, eine vorinstallierte Auswahl von 25.000 bewährten Predigten, eine Abendmahlautomatik und einen virtuellen Beichtstuhl.

Die wirtschaftliche Bedeutung des elektronischen Predigers wird im Allgemeinen ohnehin überschätzt. Der Preis deckte in der Regel lediglich Produktion, Versand und 24 Monate Wartung ab.

Aber natürlich gab es kostenpflichtige Erweiterungsoptionen. Doch sowohl der Preis für die Kollekte-Drohnen als auch für den Orgeladapter oder den Kruzifixprojektor waren verhältnismäßig niedrig kalkuliert.

CST

Diese zusätzlichen Module kamen aber erst mit dem dritten Modell und im Zuge der multireligiösen Nutzung des Predigers auf den Markt?

KDE

Richtig. Als das dritte Modell in die Fertigung kam, hatte die Arbeit des liberalreligiösen Konvents bereits die Möglichkeit des technischen und inhaltlichen Austausches mit hinduistisch, buddhistisch und islamisch orientierten Ländern geschaffen.

Die Kompatibilität des Gerätes wurde dahingehend optimiert, bis letztendlich die Hardware- und Einzelkomponentenabstimmung eine maximale Performanz gewährleisteten und der elektronische Prediger mit dem entsprechenden Softwarepaket jeder Weltreligion zur Verfügung gestellt werden konnte.

CST

Mit einer entsprechenden Veränderung der Preisgestaltung.

KDE

In diesem Fall ja. Sie müssen aber bedenken, dass wir diesen Leuten das optimale Werkzeug für die Verbreitung ihrer Religion zur Verfügung stellten.

CST

Nicht nur für die Verbreitung ihrer *Religion*, wenn ich recht informiert bin.

KDE

Ich denke, ich weiß, worauf Sie anspielen: das Gerücht, dass kubanische Kommunisten den Prediger für terroristische Schulungszwecke eingesetzt haben. Wissen Sie, diese Geschichte ist mehr als einmal um die Welt gegangen, ohne dass es Beweise dafür gegeben hätte. Wenn Sie mich fragen, ist das Ganze Teil einer groß angelegten, paganistischen Weltverschwörung.

CST

Es gab wohl nur deshalb keine Beweise, weil das Hauptquartier der Terroristen und besagter Prediger durch eine föderalistische Rakete in die Luft gejagt wurden.

KDE

Ich möchte Sie doch bitten, sich im Rahmen dieses Interviews auf Fakten zu konzentrieren.

CST

Wie Sie wünschen, Kardinal. Dann reden wir doch über das Weltraummissionierungsmonopol des Vereinigten Christentums. Ganz ohne Zweifel ist das ein Fakt.

KDE

In meinen Augen ist dieses Monopol nach wie vor eine vollauf gerechtfertigte Einrichtung.

CST

Die sich ja nicht zuletzt zum Vorteil der Religionstechnischen Behörde ausgewirkt hat. Seit Erhebung des Monopols sind alle Weltraumflüge mit elektronischen Predigern bestückt worden, die – umgangssprachlich als

Planetenprediger bezeichnet – inzwischen auf der Hälfte der Planeten unseres Sonnensystems abgesetzt wurden.

KDE

In Anbetracht des beinahe verschwindend geringen Religionsaspektes im Rahmen des Voyagerprojektes von 1977 erscheint es mir als durchaus legitimer Ansatz, potenziellen außerirdischen Lebensformen die religiöse Struktur unseres Glaubens nahezubringen.

CST

Aber eben nur die Struktur *eines* Glaubens. Nämlich die des Vereinigten Christentums.

KDE

Wissen Sie, wenn man den Glauben an sich als eine Art Aktiengesellschaft betrachtet, dann hat das Vereinigte Christentum durch Überwindung des großen Schismas eine Mehrheit von knapp 52 Prozent erlangt. Eine Position, die das Weltraummissionierungsmonopol zu diesem Zeitpunkt vollauf rechtfertigen dürfte.

CST

Nehmen wir einmal an, dieser Umstand würde den Einsatz der Planetenprediger tatsächlich rechtfertigen. Diese Geräte beinhalteten als Erste eine ausgereifte satellitenabhängige Online-Funktion, womit wir zur wirklichen Krux des elektronischen Predigers kommen.

KDE

Bereits in der zweiten Version gab es einen, wenn auch sehr eingeschränkten, Online-Modus mit strengen Sicherheitsvorkehrungen. Lediglich eine Handvoll Leute hatte Zugang zu dem System. Und das Ganze war vornehmlich auf Predigtupdates und die Uploads aktueller Ansprachen der Papstkooperative beschränkt.

CST

Und weshalb genau wurde diese Zugriffslimitierung in der dritten Baureihe aufgehoben?

KDE

Vor allem, um die Nutzung des multireligiösen Netzwerkes zu verbessern. Abgesehen von dem zweimonatlichen Predigtabonnement konnten wir durch diese Erweiterung eine Online-Beichte, eine neuchristliche

Homeshoppingkette namens „Christs'R'Us" und die Online-Multiplayer-Version des Neuen Testaments etablieren.

Sowohl die Papstkooperative als auch die Religionstechnische Behörde hielten die Online-Etablierung des elektronischen Predigers damals für einen wichtigen Schritt auf dem Weg zur virtuellen Kirche.

CST
Ein Fehltritt, wenn Sie mich fragen.

KDE
Wie sich später bedauerlicherweise herausstellen sollte.

CST
Hat es denn bereits damals Übergriffe von Hackern auf das Predigernetz gegeben?

KDE
Meines Wissens nicht.

CST

Gut. Dann würde ich jetzt gern auf Weihnachten 2097 und den Pink Pirate zu sprechen kommen. Sie erinnern sich?

KDE

Natürlich, *dies ater*, das finsterste Datum der gesamten Kirchengeschichte. Die klassische Weihnachtsansprache Bischof von Vaisings aus dem Jahre 2044, für die er ein Jahr später den Friedensnobelpreis bekommen hat, wurde in allen 223 Sprachen in die hintersten Winkel der Welt übertragen, als dieser skrupellose Kriminelle dieses unglaubliche Verbrechen –

CST

Als der Pink Pirate via Internet eine pornografische Videosequenz in das Projektionsmodul aller online geschalteten Prediger einspeiste.

KDE

Ja.

CST

Konkret bedeutete das, dass auf die Wände aller Kirchen weltweit am Heiligabend Ausschnitte des Hardcorefilmes „Christmas Gangbang" projiziert wurden.

KDE

Das ist zwar so weit richtig, aber es hätte schlimmer kommen können. Zumindest war es heterosexuelle Pornografie.

CST

Heterosexuelle Pornografie, die aufgrund des Weltraummissionierungsmonopols nicht zuletzt auch auf dem Mond, dem Mars und einigen anderen Planeten zu sehen gewesen sein dürfte.

KDE

Schon, aber infolge dieses Vorfalls löste die Papstkooperative schließlich die größte Rückrufaktion aller Zeiten aus. Auf Kosten der Vereinigten Christlichen Kirche wurden die elektronischen Prediger in zwei geheime unterirdische Hallen zurückgeführt. Meiner Meinung nach ist das der womöglich verantwortungsvollste Akt in der Geschichte der Menschheit.

CST

Der weder die Gründung der „Pornographic Church of Denmark" noch den Erfolg einer Website wie „EletronicPreacherPorn.com" oder einer Hardcore-Serie wie „Christmas Gangbang I bis III" unterbinden konnte.

KDE

Im Rahmen unserer Möglichkeiten haben wir die beste Form der Schadensbegrenzung betrieben.

CST

Ist Ihnen die Verlautbarung der Papstkooperative vom Februar dieses Jahres bekannt, der zufolge der elektronische Prediger dem Ansehen der Kirche mehr Schaden zugefügt haben soll als Inquisition, Hexenverfolgung und Kreuzzüge zusammen?

KDE

Natürlich habe ich diese Verlautbarung gelesen. Und die Religionstechnische Behörde arbeitet bereits daran, diese Scharte auszuwetzen, um das Vertrauen der Papstkooperative wiederzuerlangen.

CST

Ich hörte davon. Man munkelt etwas von der Gründung einer geheimen Arbeitsgruppe.

KDE

Die Arbeitsgruppe TABERNAKEL™, ja. Tatsächlich bin ich an dieser Stelle sogar befugt, über dieses Projekt zu reden. Ich selbst bin Gründungsmitglied der besagten Gruppe, deren Arbeit sowohl den wirtschaftlichen, als auch den populärwissenschaftlichen Status der Kirche mehr verbessern wird, als der Prediger beidem geschadet hat.

CST

Aha?

KDE

Sie haben richtig gehört. Und dabei wird nicht zuletzt der elektronische Prediger eine entscheidende Rolle spielen! Seine Hardware ist ihrer Zeit noch immer weit voraus. Ein Umstand, der förmlich danach schreit, genutzt zu werden. Darum haben wir einen Großteil seiner Hardwareelemente zum zentralen Herzstück von TABERNAKEL™, der ersten gesamtchristlichen Spielkonsole der Welt, gemacht.

CST

Ich muss sagen, Kardinal, das erstaunt mich wirklich.

KDE

Nicht wahr? Und während der Erwerb eines TABER-NAKELS™ sogar auf die Kirchensteuer angerechnet werden kann, haben wir für die ersten 100.000 Käufer auch noch interessante Prämienpakete zusammengestellt, die unter anderem die ersten Spieletitel beinhalten.

CST

Die da wären?

KDE

Nun, zunächst setzen wir auf populäre Genres. Von unserem Echtzeitstrategieknaller „Mission Menetekel – Spies of God", dem Simulator „Simpriest 3000" und dem Arcade-Spiel „Dogs of God" versprechen wir uns einiges. Und anlässlich der erstmaligen Teilnahme des Vatikanstaates an den Olympischen Spielen arbeiten wir außerdem an „VaticanSports Pro".

CST

Ich danke Ihnen, Kardinal Estrin, für dieses aufschlussreiche Gespräch. Ich denke, unsere Leser dürften ein Bild von der Entwicklung der Arbeit der Religionstechnischen Behörde nach dem Weihnachtsdebakel gewonnen haben.

KDE

Oh, ich danke *Ihnen* ...

Eigens für unsere Leser hat die Religionstechnische Behörde drei TABERNAKEL™-Konsolen inklusive zweier Topspieletitel aus dem Hause Pearly Gates Soft zur Verfügung gestellt.

Um an der Verlosung teilzunehmen, genügt eine elektronische Postkarte an ChristianScienceToday.com.

Viel Glück wünscht
DIE REDAKTION
CHRISTIAN SCIENCE TODAY

Der vergessene Sängerkrieg zu Querfurt

Es begab sich, dass um das Jahr 1529 kein geringerer als der Kardinal Albrecht auf der Burg zu Querfurt einen Sängerwettstreit ausrichtete, der gar noch den legendären Sängerkrieg der Wartburg an Glanz und Glorie übertreffen sollte. Denn obschon dieser sich bereits zum 300. Male jährte, war doch seine Legende noch immer allgegenwärtig. Und ein ebensolches Denkmal gedachte nun auch Albrecht zu schaffen, dem pestgebeutelten Volk neuen Glauben zu geben.

Seinem Willen gemäß sollte darum dieser Sängerwettstreit kein gewöhnlicher werden. Die Sänger sollten sich allein der Bibel annehmen, um ihre Wunder mit frischem Wort erstarken zu lassen. Sie sollten den Evangelien der Apostel um den Siegerpreis von zwanzig Silbergulden neues Leben einhauchen, wobei die Frömmigkeit der Sänger denen der Texte in nichts nachstehen sollte.

Die großen Sänger ihrer Zeit aber waren lang schon verblichen. Vergangen mit der Blüte des Minnesangs. Es dauerte schließlich ein gutes halbes Jahr, bis Albrechts Vertraute endlich eine Handvoll Männer aufgetan hatten, die fähig und bereit waren, in die Fußstapfen der Meistersinger zu treten.

Mögen auch die besten einer Zunft sich nicht für alles hergeben, sind aber doch stets die etwas weniger Guten allzu bereit, sich um den Lorbeer zu streiten, der ihnen eigentlich nicht zusteht ...

Fünf Dichter waren es schlussendlich, die man Albrecht nach eingehender Prüfung präsentierte:

Der erste war der Weizenveit, ein Hallenser Bauer, der hatte seine Gemeinde mehrfach schon des Sonntags mit selbsterdachtem, gottgefälligem Liedwerk erfreut.

Der nächste trug den Namen Johann und war ein Leipziger Knabe. Er lief auf Krücken einher, doch hatte dabei ein solch famoses Stimmchen, dass er im Thomanerchore sang und seine Lehrer staunen machte.

Der dritte jener Sängerschar war ein Mönchlein aus einem Franziskanerorden bei Rüpeling, Bruder Bibamus geheißen, der ein, wenn auch nicht allzu nüchternes, so doch zumindest frommes Leben führte und einzig bloß in Liedern sprach.

Der vierte dann, Sebastian Silberzung gerufen, stammte aus dem Sächsichen und war einst ein arger Galgenstrick gewesen, der sich aber, da ihm die Jungfrau Maria erschien und bevor es ein schlimmes Ende mit ihm nahm, von der Falschspielerei dem Sängerhandwerk zugewendet hatte.

Und der letzte jener Männer schließlich, die zu Querfurt um den Sängerlorbeer streiten sollten, war ein blinder Greis aus dem Schwabenlande, Willbrecht geheißen, der sich von seinen beiden Töchtern stützen ließ, die von solcher Art waren, dass niemand sich verwunderte, weshalb sie nicht verheiratet gewesen.

* * *

Zwei Tage vor dem Wettstreit, zu dem sich allerlei hohe Herrschaften auf der Burg einfinden sollten, verließ Kardinal Albrecht seine Residenz, um zu Querfurt die bunte Sängerriege zu beschauen und zu erfahren, was genau wer zu singen gedachte, um zum Preise Gottes Gunst und zwanzig Silbergulden zu erringen.

Der Hallenser Bauer ließ verlauten, er habe die zehn Gebote in solche Verse gegossen, dass sie jeden, der sie vernahm, zu einem besseren Menschen machten. Er flüsterte die Worte einem der Albrechtschen Sangestugendwächter, der sie – nicht frei von Bewunderung – für gut und fromm und ihrem Zwecke taugend befand.

Der Leipziger Knabe wollte von der Heilung des Lahmen durch den Heiland singen, was den Prüfern rechtens und angemessen erschien, nicht zuletzt, weil doch der Knabe selber lahmte.

Ebenfalls zu ihrem Wohlgefallen gedachte der Franziskanerbruder den Auszug des Volkes Israel zu besingen, derweil der blinde Alte sich dem Hohelied Salomo zuwenden wollte, das, wenn es ein blinder Greis zum Vortrag brachte, gewiss ausreichend Anstand haben würde.

Der geläuterte Gauner zuletzt hatte sich, was jenen Prüfern auch wohl gefiel, die Bergpredigt erwählt, um sie in die Worte der neuen Zeit zu kleiden.

Der Kardinal gab nun den Sängern die letzten beiden Tage Zeit, ihre Lieder recht gut einzustudieren um die hohen Herrschaften nach Kräften zu beeindrucken.

So probte nun also jeder seine Kunst auf seine Art: Der Franziskaner trank und der Thomaner ruhte, derweil der blinde Willbrecht in zarten Armen die Wunder der Liebe zu ergründen suchte. Der Bauer mühte sich, zwei Tage lang alle Gebote zu wahren, und der geläuterte Gauner streute ein Gerücht unter das Querfurter Völkchen.

Und dann war der Tag gekommen.

Auf der Burg zu Querfurt war ein großes Getümmel, da die Menschen inzwischen von dem Ereignis gehört hatten. Und ungeduldig harrten Herren und Volk der biblischen Wunder, welche die Dichter besingen würden.

Auch hatte sich freilich zu diesem Zeitpunkt herumgesprochen, *welcher* Sänger seine letzten Tage *wie* verbracht.

Man wusste, dass der Franziskaner gesoffen und der Thomaner gefaulenzt hatte, dass der Weizenveit nicht alle Gebote hatte halten können und der blinde Willbrecht das Hohelied der Liebe nicht bloß im Duett gesungen hatte. Heraus aber stach bei dem, was man allhier vernahm, der Sebastian Silberzung. Zwar hatte man auch ihn nicht singen hören, doch hatte sich, derweil er probte, einem Gerücht zufolge Sonderbares zugetragen: In den Regalen des Fischhändlers und des Bäckers nämlich hätten sich, als der Sänger sein Lied einstudierte, Fisch und Brot auf wundersame Weise vermehrt, so wie Jesu selbst es einst bei seiner Bergpredigt vollbracht.

Dieses Gerücht hatte – durch einige Groschen aus des Sängers Börse beschleunigt – seinen Weg gemacht und galt den Menschen nun als Beweis, wie zugetan die höheren Mächte ihm waren.

So wollte man an diesem Tag den Silberzung als letztes singen lassen und begann mit dem lahmenden Thomanerknaben.

Dieser sang sein Wunder recht bewegend, schleuderte gar, derweil er des Heilands Worte zitierte, seine eigenen Krücken fort, um bis zum Ende des Liedes – wenn auch wackelig – auf eignen Beinen zu stehen. Das mochte dem

Volke wohl gefallen und des Wunders angesichtig war der Jubel groß.

Hernach hob dann der Weizenveit zu seinem Liede an, und ergriff die Herzen der Versammelten mit jedem einzelnen Gebote mehr, bis er dann gegen Ende und der Aufregung wegen das letzte Gebot schlichtweg vergaß und so nach neunen endete. Da er nun aber weder der Erste noch der Letzte war, der vergaß, nicht Hab und Gut seines Nächsten zu begehren, jubelte man auch ihm recht begeistert zu.

Dem Bauern folgte nun der Franziskaner, der triefnasig und mit dickem Kopfe von des Roten Meeres Teilung sang. Das Meer aber schien, da er es besang, weniger aus Wasser als vielmehr aus Wein zu bestehen, weshalb sein Lied die Umstehenden recht trunken machte.

Dem Bruder Bibamus folgte der blinde Willbrecht, der eigentlich im Bündnis mit dem König Salomo die Flamme der Liebe in den Herzen der Umstehenden zu entfachen gedachte, sich jedoch als zu erschöpft erwies und darum dem Gesang entsagte.

So überließ er zuletzt also die Halle dem Sebastian Silberzung, dessentwegen mancher heimlich einen Laib Brot oder einen Hering unter seinem Wamse trug.

Und wie es nun still ward in der großen Halle, da trat der Sänger vor den Kardinal und bat, da er sich nachts im Gebet besonnen hätte, darum, von einem anderen frommen Wunder singen zu dürfen.

Albrecht beriet sich kurz. Und er sah – da Silberzung laut dem Volke der frommste aller Sänger war – keinen Grund, ihm seinen Wunsch zu verwehren. Einige Umstehende begannen sich des Fisches und des Brotes wegen, die nun wohl unvermehrt bleiben würden, freilich ein wenig zu grämen, doch harrte man nichtsdestotrotz gespannt, welch biblische Wunder Silberzung nun besingen würde.

Diesen Moment kostete der Sänger freilich aus. Er atmete tief ein und versprach dann in bedeutsamem Tone, dass er alsgleich ein Wunderverswerk singen würde, wie es in dieser Form zuvor noch nie gesungen worden war. Sein Klang wäre von derart besonderer Gewalt, dass er sich es zu singen bis zu diesem Tag gescheut hätte. Hier nun aber, vor einem solchen wunderverständigem Publikum, wollte er es wohl wagen ...

Die Neugier wuchs gleichsam bei Volk und Herrschaft, und mit großer Geste offenbarte Silberzung alsdann, wovon er zu singen gedachte: von nichts weniger nämlich als den Mauern Jerichos und Josuas mächtigen Trompeten!

Da verstummten mit einem Male alle im Saal, und eilig ersuchte der Kardinal den Sänger, innezuhalten. Eingedenk der Fische und Brote hielt er es wohl für möglich, dass die von ihm besungenen Wunder wirklich wurden. Und während Albrecht die meisten Wunder der Bibel gern wahr hätte werden sehen, hätte er auf das von Jericho doch gern verzichtet. Zumal er auf der Querfurter Burg gerade vieles um- und größer hatte bauen lassen, wäre es ihm wenig recht gewesen, die Mauern nun im israelitischen Trompetenschall in sich zusammenfallen zu sehen.

Kurz darauf fällte der Kardinal Albrecht einen eigentümlichen Beschluss. Und eben dieser ist wohl der einzige Grund dafür, dass über den Sängerwettstreit zu Querfurt in Büchern und Historie nichts zu lesen steht und dass er bis auf den heutigen Tag beinahe vergessen ist.

Aus Angst um die Burg nämlich beschloss Albrecht, Sebastian Silberzung zum Sieger jenes Wettstreits zu erklären, ohne dass er überhaupt gesungen hätte.

* * *

Manch einer sagt, der Sänger wäre, da er später doch einmal von Jerichos Mauern sang, von einem herabstürzenden Stein erschlagen worden.

Andere behaupten, er hätte es sein Lebtag nicht mehr nötig gehabt, zu singen.

Wieder andere meinen, er hätte es ohnehin nicht vermocht.

Wie immer es sich aber auch mit dem Sieger jenes fast vergessenen Wettstreits verhielt, den Glauben der Menschen jener Gegend haben der fromme Sängerwettstreit und seine Wunder gestärkt.

Als Falstaff nach Canossa ging

Nach einer wüsten Rauferei
war Falstaff grün und blau erwacht,
und weil sein Schädel schmerzt' für drei,
hat er schließlich nachgedacht.

Geist und Witz war'n wie verstummt.
Dies schien ihm keine Kleinigkeit:
Denn wem der Kopf wie dreie brummt',
der spürte die Dreieinigkeit!

Und wenn es jene wahrhaft gab,
dann war's womöglich schlimmer gar:
Falstaff fürchtet', dass sein Grab
ihm das Tor zur Hölle war!

Bis dahin war sein ganzes Leben
ein einz'ges Huren, Saufen und Rauben,
und derlei widerspricht nun eben
gewöhnlich meist dem Glauben.

Drum wollt' er in Canossa büßen,
als Pilger auf dem einsamen Pfad,
dass der Schmerz in seinen Füßen
sich mit frommer Buße paart.

Die Huren würden hungern,
nach seinen Talern, seinen Küssen,
einsam in den Straßen lungernd
auf seine Rückkehr warten müssen.

So wie auch seine Saufgenossen,
denn auch denen würd' er fehlen,
und fortan würden sie verdrossen
alleine in den Schenken grölen.

Trauer über dem Städtchen hing,
leer waren die Betten, leer die Tresen
und mancher glaubt', da Falstaff ging
es wär' die falsche Richtung gewesen ...

Was aber schert den Pilger der Pfad,
ist doch sein Ziel allein Vergebung.
Wo Schmerz sich mit Entsagung paart,
Da harrt himmlische Erhebung!

So schritt also wacker Falstaff einher,
Richtung Canossa, irgendwie,
die Füße schmerzten bald schon sehr,
rechts wie links und wie noch nie.

Da sich der Tag dem Ende neigt',
– es mocht ein Stündchen später sein –
ein Wirtshaus sich am Waldrand zeigt'
und in jenes kehrt' er ein.

Die Sonne sank hernieder
Und Falstaff sank auf eine Bank.
Er reckte seine müden Glieder
und sprach dem Herrgott Dank,

dass der in ihn der harten Stunde
seiner Wanderschaft beschützt'.
Dann bestellt' er eine Runde,
wie einer, der Geld besitzt.

Und mit eben dem Gehabe,
füllt' Kraft Bier er seinen Leib,
gedacht' nicht länger seinem Grabe
und seiner Seel' Danachverbleib.

Und wenig später nahm er
dann ein Freudenmädchen ran.
Und von eben dem bekam er,
Was man dabei bekommen kann.

Doch Falstaff fuhr genüsslich fort,
Mit Schwester, Cousine und Tante,
sodass er bald an jenem Ort
die ganze Wirtsfamilie kannte.

Trunken, nackt, wie eine Wildsau selig,
Schlief Falstaff bald in seinem Bade.
Er träumte heiter, träumte fröhlich
und sonnte sich in Gottes Gnade.

Da lag er nun, wohlig und warm,
und hatte dreierlei Fass geleert,
da der Wirt des Hauses kam,
dem gleichsam Wein wie Weib gehört'.

Drum auch erbat er nun den Lohn
für das and're wie das eine,
fünf Frauen wären es nun schon
und drei Fässer guter Weine.

Falstaff, die Wildsau, die fromme,
schrak aus dem Schlummer ohne Hosen,
und meint', da er doch als Pilger komme,
wär'n Wein und Weiber wohl Almosen.

Dem Büßer galt es, nichts zu haben,
drum reist' auch Falstaff ohne Geld.
Doch des Wirt's großmüt'ge Gaben
würd' Petrus ihm lohnen am Ende der Welt.

    Der Wirt indes sann auf Rache
    und holte einen Knüppel her.
    Denn seine Sicht der Sache
    hierin unterschied sich sehr.

    Durch wohl den halben Ort
    Jagt' der Wirt den Falstaff so,
    fluchte laut in einem fort,
    Derweil besagter vor ihm floh.

    Er entkam, weil er schnell lief
    und in der Kirche sich verbarg,
    wo er auf dem Altar einschlief,
    und dort, wie Gott ihn schuf, bald lag.

Dort schnarcht' er, frei von allen Sorgen,
    bis er ohn' Erinnerung erwacht',
    und erkannte dann am Morgen
    welch ein Wunder Gott vollbracht:

Hier lag er, in Canossas Dom,
von Gottes Engeln hergetragen,
hinweg über den Pilgerstrom
binnen Stunden anstatt Tagen!

Sie hatten ihn hier abgelegt
von seiner Frömmigkeit gerührt,
im Kleide, das die Unschuld trägt,
weil er ein frommes Leben führt' ...

So lohnten ihm Gottes Engel nun,
dass er tat, was er am besten vermocht'.
So wollt' er's auch in Zukunft tun,
der Glaube war Flamme und er war ihr Docht!

Falstaff dankt' den Engeln allen,
da sie ihn nach Canossa getragen.
In Zukunft würde er, Gott zum Gefallen,
vor allem der Entsagung entsagen.

Die Moral lautet nun freilich:
Wenn einer hurt und säuft und raubt,
ist alles dies ihm doch verzeihlich,
solange er an Wunder glaubt ...

Ein Fass aus dem Franzosenland

Es war wohl im Jahre 1522, jenem Jahr, da sich der Doktor Luther unter falschem Namen auf der Wartburg zu Eisenach verbarg, als auf der Burg zu Querfurt Kardinal Albrecht seinen Weinkeller ausbauen ließ. Denn ob auch der Kardinal seinen Stammsitz auf der Moritzburg hatte, so hielt er sich doch gern auf der Querfurter Burg auf, mit der er Großes vorhatte.

In jenem Jahr aber war es zunächst nur sein Weinlager, um das Albrecht sich kümmerte. Dieses zu erweitern, war ihm ein außerordentliches Bedürfnis. Er fand nämlich – und hierin sind selbst Historienschreiber, die sich sonst gern streiten, einig – an Wein, Weib und Gesang mehr Vergnügen, als man es gemeinhin von seinesgleichen erwartet hätte.

Kardinal Albrecht wusste zu leben, womit er vielen seiner Zeit und seines Standes etwas voraushatte. Weshalb er nun auch seinen persönlichen Rückzugsort in die Welt der Sinne, wo Wein in alten Fässern lag, Busen über Miedern wogten und das Weltliche ihm einige kostbare Momente lang näher als das Geistliche war, zu vergrößern gedachte.

Derlei Vergnügen waren freilich nicht unbedingt im Sinne jener Kirche, die Albrecht eigentlich vertrat. Solange er seine Arbeit jedoch gut machte, der Papst zu

Rom und der Herr im Himmel zufrieden mit ihm waren und er allenthalben wie ein überwiegend frommer Mann erschien, ließ man ihn wohl gewähren.

Obwohl manch einer sagt, dass man ihm, seines Einflusses und seiner Macht wegen, schon in jenen Tagen schwerlich hätte Einhalt gebieten können ...

Einer aber scherte sich nicht um das eine noch das andere, nicht um Macht noch Einfluss oder Geld. Dieser eine nämlich pflegte sich – abgesehen vom Glanz seiner Hörner und dem Schimmer seines Hufs – um rein gar nichts zu scheren. Und eben das tat er auch, als er beschloss, Albrecht in seinem Querfurter Refugium einen Besuch abzustatten.

Dem Teufel war nach der Seele eines Christenmenschen zumute.

Und es musste schon ein Bischof oder ein Kardinal sein, dass er die schlimme Niederlage verwinden konnte, die ihm in der Nacht zuvor widerfahren war. Da nämlich hatte er auf der Wartburg mit niemand anderem als dem Doktor Luther gerungen, der sich aber nicht recht hatte versuchen lassen wollen und stattdessen den Teufel gar mit einem Tintenfass zu bewerfen gewagt hatte!

Nachdem sich also dieser Lutherlump derart erfrecht hatte, hätte der Teufel sich doch gern eine ordentliche

Christenseele geholt. Und da schien ihm der Kardinal Albrecht, als der Versuchung nicht generell abgeneigt, gerade richtig.

An diesem Abend saß Albrecht nun inmitten seiner Fässer und ließ sich von seinem Cellerar einige Weine aus dem lieblichen Italien anreichen, als ihn plötzlich die Nachricht erreichte, dass vor der Türe seines Kellers ein Geschenk auf ihn wartete, ein Fass Wein aus der Gegend von Bosc, wo die Trauben auf den Hängen längst verloschener Vulkane wuchsen.

Albrecht war sichtlich erfreut. Zumal es in jenen Tagen kein leichtes war, ein gutes Fässchen Wein, selbst wenn es aller Mühen wert war, unbeschadet aus dem Franzosenlande nach Querfurt zu schaffen. Es gab nun aber, wie sich herausstellte, das Problem, dass das Fass größer als alle anderen und damit zu groß für die Türen des Kellers war. Darum auch musste Albrecht zwei Bediente ersuchen, die Tür ein wenig zu erweitern, woraufhin er sie mitsamt dem Fass zu sich hineinbat.

Sie rollten ihm das Fass hinein und der Kardinal hieß, den Humpen schon in seiner Hand, den Cellerar das Fass anstechen.

Statt aber, dass nun roter Rebsaft floss, drang plötzlich übel riechender schwarzer Qualm daraus hervor! Und während im nächsten Moment der Cellerar vor Schreck die Flucht ergriff, zerbarsten die Bretter und schwirrten derart wild im ganzen Keller umher, dass Albrecht sich unter seinem Stuhl verstecken musste.

Und von dort aus sah er nun aus den glühenden Fassreifen den Teufel selbst, den Widersacher, den Übelwoller steigen, der alsgleich das Wort an ihn richtete:

„Nun, da der Herr Kardinal mich, wie es sich gehört, hineingebeten hat, möcht' ich auf den Handel kommen, den ich ihm vorzuschlagen habe."

Albrecht rappelte sich auf. Da es ihm nichts Neues war, dass der Teufel sich im Wein verbarg, war er nicht sonders überrascht und stellte sich ihm wacker entgegen.

„Ich bin nicht recht vorbereitet, werter Herr, hatte ich doch Wein aus Bosc an Ihrer statt erwartet."

Sein Gegenüber hob einen Humpen.

„Das, werter Kardinal erscheint mir das Geringste." Er schraubte eines seiner Hörner ab, aus dem er lächelnd roten Wein in den Humpen laufen ließ, um ihn dann dem Kardinal anzureichen. Dabei bemerkte der Gehörnte aber wohl, dass der Geistliche zögerte.

„Sorgen Sie sich nicht, Herr Kardinal. Der Schluck wird Sie nichts kosten. Noch nicht, wenn ich so sagen darf."

Da nahm Albrecht den Humpen, nippte daran und schmeckte zu seiner Freude tatsächlich einen guten Roten aus dem Franzosenlande.

Im Gegenzug bot er dem Teufel einen Humpen von seinem Italienischen, den dieser – ganz wie der Kardinal Freund des Genusses – nicht auszuschlagen wagte.

Hernach setzten die beiden Männer sich gemeinsam an den Tisch, um zu besprechen, was für Geschäfte sie miteinander tätigen konnten.

Sie wurden sich allerdings im Laufe dieser Weine nicht einig.

Und sie wurden es auch weder nach dem spanischen noch dem deutschen, sodass der Abend zum Ende hin recht lang wurde.

Als der Teufel gegen Morgen die Burg verließ, war Albrecht zwar noch immer im Besitz seiner Seele, doch hatte der Gehörnte einen angeregten Abend voll Wein und sinnreichem Gespräch verlebt.

Am Ende hat der Teufel dann weder die Seele Luthers noch die Seele Albrechts bekommen, empfand zweiteren jedoch als interessanteren Gesprächspartner. Und aus eben diesem Grunde kehrte er auch noch so manches Mal wieder, um mit ihm im Weinkeller zu trinken und zu disputieren. Auf diese Weise hatten schließlich alle etwas davon: Doktor Luther hatte seine Ruhe, der Teufel angenehme Gesellschaft und Kardinal Albrecht wusste bald schon glaubhafter als alle anderen von den Schrecken der Hölle zu predigen.

Die San Sebastian

Die San Sebastian kam gesegelt aus Rom,
hatte Hostien und Messwein geladen.
Sie war des Papstes schwimmender Dom
und trieb auf wallenden Weihrauchschwaden.

Die Brigg fuhr unter lauwarmen Bö'n
Friedlich bis zum großen Riff.
Da sah man die schwarze Flagge wehen
und Piraten stürmten das Schiff.

Die Mannschaft, die wollten sie töten,
so wie Piraten's meist machen.
Wollten, derweil sie Hälse umdrehten,
über Papst und Kirche lachen.

Die Mannschaft schmeckte Stahl
und die Piraten wetzten die Messer:
Aus der Kajüte trat ein Kardinal,
und das gefiel den Schurken noch besser!

Ein Gesandter des Papstes persönlich!
Dem würden Sie's richtig zeigen!
So denken Piraten, so oder ähnlich,
weil sie zu üblen Taten halt neigen.

Wollten ihn quälen und schlachten,
foltern, und zuletzt dann erschlagen.
Doch wollte er, bevor sie's machten,
erst noch einen Vorschlag wagen:

Einen Wettstreit im Huren und Saufen,
er gegen einen der ihren.
Und seine Seele bekäm' der dreckige Haufen,
würde er den Wettstreit verlieren.

Doch gewann er, dann wäre er frei.
Die schmutzige Meute johlte und lachte,
sie holten Rum und Huren herbei,
gespannt was der Pope wohl brachte.

Er hurt' wie ein Schwein und soff wie ein Loch,
die Nacht, sie wurde wüst und lang.
Stunde um Stunde, und eine dann noch,
fast wurd es den Piraten bang.

Doch früh am Morgen irgendwann
wurden's zu viele Huren und Humpen.
„Du hast verloren und jetzt bist du dran!",
schrie'n die schäbigen Lumpen.

Der Captain griff sein Entermesser,
Und flüsterte bös' dem Kardinal:
„Im Saufen sind Piraten halt besser
und im Huren noch allemal!"

Lächelnd ergab sich der fromme Mann
in das Schicksal ihm beschieden.
Er war verloren, doch drüber hinaus
entjungfert, betrunken, zufrieden.

Die San Sebastian ist gesunken.
Kurz darauf starb auch der Pater,
selig lächelnd und sturzbetrunken.
Und ohne Furcht vor dem Kater ...

Man sprach ihn heilig.
Pilger kamen.
Langweilig.
Amen.

Die Beichtfabrik

Missmutig schlug Jonas Cohn die Tür seines Wagens zu und machte sich in Richtung Fabrik auf. Er ärgerte sich, denn er hatte seinen Schirm vergessen. Wahrscheinlich im Spind.

Das Wasser rann durch seine Augenbrauen und sein Gesicht hinunter. Im Gehen nahm er die Brille ab, schob sie in die Innentasche seines Jacketts und beschleunigte leise fluchend seinen Schritt.

Irgendwo im Zentrum des riesigen Parkplatzes, der sich bis zum vom Regen dunkelgrau gefärbten Horizont erstreckte, erhob sich die Beichtfabrik.

Den Mitarbeiterbereich verlassend, hastete Cohn, während der Regen sich tosend auf den Wagendächern austobte, durch ein Meer von Automobilen. Menschen drängten heraus, spannten ihre Schirme auf und reihten sich ein. Sie alle waren auf dem Weg in die gläserne Fabrik der Vergebung.

Die meisten Schirme, die sich unter seinen Augen entfalteten, waren Giveaways, Werbegeschenke der Fabrik, auf denen in frohen Farben und der hauseigenen Schriftart „Confession Extrabold" der Werbeslogan *„gut gebeichtet – halb gebüßt"* prangte.

Er sah mehr und mehr Menschen und Schirme und dachte, während seine Schritte die Pfützen teilten wie einst

Moses das Meer, an den Auszug des Volkes Israel aus Ägypten.

Es brauchte einige weitere biblische Bilder, bis Cohn inmitten der Menge das schützende Vordach jenes monumentalen Gebäudes erreichte, das sich inmitten des tosenden Unwetters wie die rettende Arche erhob.

Unweit des Eingangs, wo blattgoldbesetzte Säulen an die glorreichen Zeiten der Tempel alter Tage erinnern, begannen die Menschenmassen ihre Schirme zusammenzufalten. An einem purpurberobten Pförtner vorbei strebten sie ins Innere, während der durchnässte Cohn sich von ihnen trennte, um hinter einer der Säulen durch den Dienstboteneingang zu huschen.

Er zog seine Karte durch das Lesegerät und betrat den Sicherheitsbereich.

Von seinem Platz vor der Monitorwand nickte Rainer Kosslik ihm kurz zu.

Cohn trat neben ihn, schüttelte ihm und seinem Kollegen Gaballek die Hand und warf einen Blick auf die riesige Kontrolltafel: 2000 Leuchtdioden, die, verteilt auf acht Etagen, jeweils einen der vorhandenen Beichtstühle repräsentierten.

Kosslik kümmerte sich nicht weiter um ihn. Er hatte Besseres zu tun. Immer wieder huschte der Blick des

Sicherheitsmannes, ebenso wie der seines Kollegen, von den Dioden zu einem Zettel neben seiner Tastatur. Kurz hintereinander leuchteten auf der vierten Etage die 27 und die 38 auf. Während Gaballek leise fluchte, beugte Kosslik sich jubelnd über seinen Zettel, machte zwei Kreuze und grinste Cohn an.

„Na, bist du dabei? Wir spielen nachher noch 'ne dritte Etage."

Beichtstuhlbingo. Die Hauptbeschäftigung der Sicherheitsmänner. Cohn hatte es schon ein paar Mal versucht, aber er hatte einfach kein Glück bei solchen Spielen.

Außerdem war er hier, um zu arbeiten.

„Lass mal, Kosslik, muss eh erst mal meine Schicht hinter mich bringen."

Und so machte Jonas Cohn sich auf den Weg zu den Umkleidekabinen, wo er sich aus seinen nassen Klamotten schälte und stattdessen in einen schwarzen Overall mit Priesterkragen schlüpfte, wie flinke Nonnenfinger sie seit Jahren in den Klöstern des polnischen Hinterlandes zu nähen pflegten. Er ließ seine Zigaretten und ein ledernes Etui in eine der Taschen gleiten, schloss den Reißverschluss, richtete vor einem Spiegel sein Haar, um sich dann zuletzt hinaus in die Einsatzzentrale zu begeben.

Hier trat ihm Bruder Peimann ihm entgegen und drückte ihm wie im heiligen Staffellauf des Beichtakkords einen Rosenkranz in die Hand, an dem neben dem Krufix der Sicherheitsschlüssel für Beichtstuhl No. 83/II baumelte.

Peimann klopfte Cohn auf die Schulter, ging zum Pult hinüber und übertrug mit dem dort befestigten Kugelschreiber seine Statistik in das Beichtprotokoll. Als Cohn ihm über die Schulter schaute, las er als erstes den Aufdruck des Kugelschreibers: *„Come to where Vergebung is"*. Ein weiterer hauseigener Slogan. Die PR-Abteilung stand nicht still.

Peimann drehte sich um und zwinkerte ihm zu.

„Halt dich ran, Cohn! Ich hatte heute vier Ehebrecher, eine Fahrerflucht und einen Brandstifter."

Um da mitzuhalten, brauchte er heute mindestens Gruppensex, einen Mordversuch oder ein halbes Dutzend Homosexuelle. Oder aber irgendetwas ganz Hässliches ...

Zähneknirschend eilte er – eingedenk seiner Arbeitskleidung und des Rosenkranzes nunmehr *Bruder* Cohn – zu den Aufzügen hinüber und drückte den Knopf. Leise öffneten sich die Türen, unzufrieden betrat er den Fahrstuhl und das erste, was er sah, war Peimanns goldgerahmtes Bild an der Stirnseite, unter dem in geschwungenen

Buchstaben und Confession Extrabold „Beichthilfe des Monats" stand. Den Streber verfluchend drückte Cohn den Knopf für die zweite Etage. Die Türen schlossen sich, ein frommer Kinderchor stimmte zu sphärischen Synthesizerklängen sein motiviertes „Bei dir Jesu will ich bleiben" an, und schließlich entschwebte der Fahrstuhl langsam nach oben.

Cohn machte sich noch immer Gedanken. Wenn alles gut ging, kam er vielleicht bald auf die dritte Etage. Vor allem jetzt, wo die Betreiber das Konzept mit osteuropäischen Beichthelfern verworfen hatten. Schlussendlich legte die Kundschaft, wenn sie ihre Verfehlungen vortrug, eben doch Wert darauf, verstanden zu werden. Abgesehen von einigen wenigen Ausnahmen. Einige Beichtende verzichteten gegen Aufpreis bewusst auf das Verständnis ihres Beichtvaters. Dafür taugten die Polen allerdings nicht. Ein bisschen was verstanden die immer. Für diesen Service beschäftigte die Firma zwei Filipinos, einen Kirgisen und einen taubstummen Maori, regelrechte Koryphäen auf dem Gebiet des Nichtverstehens, die weit besser verdienten als er.

Beinahe lautlos glitten die Türen wieder auf, der Kinderchor ging zu „Nun jauchzet all, ihr Frommen" über, und Bruder Cohn betrat die zweite Etage.

Seufzend blickte er die Phalanx aus Beichtstühlen hinunter.

Retromodelle, Kunststoff in Holzoptik. Leichter zu reinigen und günstiger in der Anschaffung. Die Firma, die sie produzierte, stellte eigentlich Toilettencontainer her. Und wenn man genau hinsah, erinnerten die Beichtstühle tatsächlich ein wenig an zusammengeschraubte Toilettenhäuschen.

Auf dem Weg zum Gang Nummer acht musste er zahlreiche Beichtstuhltoiletten passieren, über den meisten davon leuchtete ein rotes *BESETZT* Schild.

Im Gang Nummer sieben kam Cohn eine Familie entgegen. Mann, Frau und ein kleines dickes Kind mit Luftballon. Mit angemessen ernstem Gesichtsausdruck schob er sich an ihnen vorbei, die frohen Mutes Richtung Treppe eilte. Er kannte solche Leute. In der Statistik brachten sie einen kaum voran. Sie beichtete ihren Kurschatten und er – genau wie den Monat zuvor – sein Verhältnis mit seiner Sekretärin. Das Kind wurde in der Spielecke abgeladen, bekam seinen Luftballon und ein T-Shirt und alle waren zufrieden.

Bruder Cohn schaute noch einmal zurück und sah, bevor das Kind mit seinem schwankenden Ballon auf den Stufen verschwand, gerade noch den Aufdruck seines

T-Shirts, ein fettes *B* und darunter, in Rot und Confession Extrabold: *Beichtboy*.

Das T-Shirt war cool und leuchtete im Dunkeln. Seine Mitschüler würden das Kind beneiden, quengeln, bis auch ihre Eltern herkamen, ihnen ein T-Shirt kauften und ganz nebenbei ihre Beichte ablegten.

All das war obendrein einzig zum Wohle des Menschen gedacht. Denn im Gegensatz zu früher, als an den Bahnhöfen noch Münzbeichtautomaten gestanden hatten, war die Beichte hier kostenlos, wie in der allgegenwärtigen Fernseh- und Rundfunkwerbung immer wieder betont wurde.

Dafür waren die Preise im hauseigenen Café „Cookies und Confession" allerdings mehr als happig und Fremdverzehr verboten. Und wenn es doch mal einer wagte, seine eigene Thermoskanne oder ein Butterbrot reinzuschmuggeln, dann kannte der Sicherheitsdienst keinen Spaß. Hausverbot. Und da konnte man beichten, so viel man wollte.

Dank der Kameras in den Gängen entging ihnen nur selten etwas.

Cohn erreichte Gang Nummer acht, begab sich zum Beichtstuhl Nummer 83 und schloss auf. Er machte es sich bequem und wartete. Die Spätschichten waren meist recht locker. Gegen Abend sündigten die Leute mehr, als dass sie büßten. Das mochte den einen oder anderen Bonus kosten und einen vom Mitarbeiter-des-Monats-Status trennen, aber dafür war es entspannt. Und das war eigentlich alles, worum es ihm ging.

Die Talentsucher der Fabrik hatten ihn damals direkt aus dem Callcenter abgeworben. Seine Stimme hatte Eindruck gemacht. In der Prüfung war er dann bei „Stimme" mit sieben, „klerikalem Auftreten" mit sechs und „Simulation von Verständnis" mit acht Punkten ganz vorn gewesen. Da die Fabrik aus Ermangelung an fähigem Personal inzwischen auch Angehörige anderer Konfessionen einstellte, hatten sie ihn schließlich genommen und ihm die niedersten Weihen erteilt, die ihm auf dem Fabrikgelände erlaubten, die Beichte abzunehmen.

Eigentlich hatten sie ihn sogar an Sonntagen einsetzen wollen. Das brachte einen hier schnell nach oben. Aber der Preis war hoch: Er kannte kaum Sonntagsbeichthilfen, die ohne Tabletten auskamen oder nicht in psychologischer Behandlung gewesen wären. Sonntags ging es kopfüber in die Sündenkloake. Vor allem der Messen wegen, die zuvor gehalten wurden. Von Priestern mit abgeschlossenen Motivationstrainerseminaren, die die

Leute dermaßen motivierten, dass sie Dinge beichteten, die sie niemals getan hatten.

Die sonntägliche Beichtstatistik war jedenfalls drei Mal so umfangreich wie die normale.

Aber für Bruder Cohn war das nichts. Er genoss seine ruhigen Spätschichten.

Bis zur Pause blieben ihm drei Stunden, zwei Reservierungen von Stammkunden und einiges an Zeit. Er zog das Lederetui aus seiner Tasche, holte seinen Gameboy heraus und wagte eine klerikale Runde Tetris.

Wenige Punkte vor dem Highscore wurde er jedoch von einem vielleicht neunzigjährigen Mütterchen gestört, das augenscheinlich seit siebzig Jahren nicht mehr gebeichtet hatte. Geduldig simulierte er Verständnis und drehte den Sound seines Gameboy etwas runter, damit die Alte ihn nicht hörte. Kleine, eckige Winkel vermischten sich mit Liebesspielen und dem Diebstahl eines Fahrrads um 1950. Das Zerstechen der Reifen einer Rivalin fügte sich mit leisem Pling neben einen länglichen Balken und verschwand schlussendlich mit dem nächsten Quader und dem reuigen Eingeständnis verschiedener lässlicher Verfehlungen. Als der Highscore schließlich erreicht war, endete die Alte dann mit dem Geständnis, eigentlich Protestantin zu sein.

Aber sie habe gehört, dass es hier so nett wäre, da hätte sie einfach auch mal vorbeischauen müssen.

Bruder Cohn erlegte ihr eine kleine Buße auf, empfahl ihr den Apfelstrudel im „Cookies und Confession" und reichte ihr durch das vergitterte Beichtfensterchen einen Gutschein. Eine Tasse Kaffee beim Kauf von einem Stück Kuchen. Zufrieden schritt die Dame von dannen, um Stammkunde Nummer eins Platz zu machen. Dieser lieferte eine klassische Bauarbeiterbeichte, musste dafür etwas mehr büßen, bekam anschließend den Sixtusburger empfohlen und einen Gutschein für ein alkoholfreies Bier.

Stammkunde Nummer zwei kam etwas später als angekündigt, gestand lediglich, irgendjemandem vor der Tür den Parkplatz weggeschnappt zu haben, und erkundigte sich nach der Tageskarte des „Cookies und Confession". Bezüglich der Buße musste Bruder Cohn ein wenig improvisieren und freute sich anschließend auf seine Pause.

Die Zigarette, die er sich im Raucherbereich der zweiten Etage (von den Beichthilfen scherzhaft Purgatorium genannt) gönnte, tat gut. Und während er langsam aufrauchte, schaute er durch ein riesiges Fenster ins Innere der Fabrik, hinab in das monströse Treppenhaus, wo sich unter ihm, inmitten der herandrängenden Bußfertigen drei Filmteams und ein Dutzend Presseleute tummelten. Cohn wusste genau, worum es ging: „Absolution! – Die Livebeichte". Das Ganze lief spät abends im Privatfernsehen und war ein Konzept, das voll aufging. B-Klasse-Prominente kamen in die Fabrik, die Medien folgten ihnen wie eine Meute geifernder Hunde, und dann ging es in den fünften Stock, wo unter den Augen eines wissbegierigen Publikums ein für gewöhnlich belangloses Interview gegeben wurde. Das drehte sich meist darum, dass man sich nach langem Hadern entschlossen hätte, die Beichte abzulegen, da es nicht mehr anders gegangen wäre, man sich nicht mehr hätte ins Gesicht sehen können, und so weiter und so fort.

Anschließend verschwand der B-Prominente im Beichtstuhl, die Kameras warteten artig draußen und ein paar Minuten später trat er geläutert wieder hervor.

Der Werbeeffekt für Fabrik und Prominenz war immens. Zumal keiner der Zuschauer wirklich zu bemerken schien, wie sinnentleert das Konzept war.

Natürlich spekulierte das Publikum. Man mutmaßte, dass dieser seine Frau umgebracht oder jener Steuern hinterzogen hatte. Man war sich sicher, dass jene ihren Mann mit dem und dem betrogen und die andere etwas mit Frauen hatte. Spekulationen. Davon lebte das Format.

In Wirklichkeit drängelten sich viele ehemalige Prominente nur hinein, um ihrer Karriere einen Schub zu geben.

Die meisten hatten nicht einmal etwas zu beichten.

Bruder Cohn nahm einen tiefen Zug, blies den Rauch gegen die Scheibe und kam zu dem Schluss, dass er zu wenig fernsah. Den heutigen Prominenten kannte er nicht einmal.

Der fünfte Stock wäre es natürlich gewesen. Die Beichtbrüder dort wurden regelmäßig interviewt und bestochen, was sich wirklich lohnen konnte. Aber dort oben arbeiteten die Dressmanpriester. 200% kameratauglich und mit einer Reihe Beichthostessen im Gefolge. Um es bis da rauf zu schaffen, würde er sich richtig anstrengen müssen.

Cohn schaute auf die Uhr und eilte dann über die Feuertreppe hinauf in den vierten Stock, um zumindest noch etwas zwischen die Zähne zu bekommen. Er haderte kurz, entschied sich dann für das Jünger-Jesu-Menü, löst den Mitarbeiter-Rabatt und schlang hastig die zwölf Hackfleischbällchen hinunter. Petrus und Judas, etwas angebrannt, ließ er auf dem Teller liegen und bestellte noch einen Prophetenbecher, um ihn auf dem Weg nach unten auszulöffeln.

Zurück auf der zweiten Etage und bei Gang Nummer acht angekommen, war er gerade damit fertig, als er sich auf einmal Maurice van de Heuvelen, dem Geschäftsführer des Beichtetablissements, gegenüber sah.

Bruder Cohn hob die Hände und wirkte, in der Rechten einen Plastiklöffel und in der Linken einen leeren Eisbecher, ein wenig wie ein gekreuzigter Werbeträger. Van de Heuvelen ließ ihn den Pappbecher wegwerfen und bat ihn in sein Büro.

Wenig später erreichte Cohn über die Dienstbotentreppe das Büro im neunten Stock, wo ihn van de Heuvelen – der den Fahrstuhl genommen hatte – bereits erwartete.

Sein Büro war ein gläserner Kubus mit Marmorfußboden, aus dem man direkt in die achte Etage schaute.

Die achte Etage, ein Traum aus Leder, Chrom und Stahl. Die Beichtlounge, in der sich inmitten einer Landschaft stilvoller Ledercouchen und exotischer Topfpflanzen, unweit einer gut sortierten Bar, vier reich verzierte Echtholzbeichtstühle erhoben. Die Businessbeichtclass. Reserviert für Industrie, Politik und Militär.

Der Priesterkragen des Barkeepers wirkte ein wenig deplatziert. Außerdem trugen die Beichthostessen in dieser

Etage – soweit Bruder Cohn es beim Anblick ihrer knappen Kostüme beurteilen konnte – keine Unterwäsche.

Ganz oben ist eben alles etwas anders, dachte er sich, und hielt hier, im neunten. Stockwerk, plötzlich sehr wohl für möglich, was unter Beichthilfen gewöhnlich nur als Gerücht kursierte: die Beichtstuhl-Wildcard, die *alles* möglich machte ...

Cohns Chef riss ihn aus seinen Gedanken. Er schaute ihn von hinter seinem Schreibtisch ernst an, drehte den Monitor in seine Richtung und präsentierte ihm eine Reihe Bilder.

Cohn erkannte zunächst sich und dann seinen Gameboy. Daraus resultierend ein Problem, das sein Chef ohne Umschweife in Worte fasste:

„Wie Sie sehen, haben wir aus Sicherheitsgründen jetzt auch Kameras auf Ihrer Seite des Beichtstuhls installiert. Und das, was ich sehe, sehe ich alles andere als gern, Bruder Cohn."

Er überlegte einen Moment, ob sich der Highscore womöglich als Argument anführen ließe, verzichtete dann aber darauf, ließ geduldig eine zweistündige Predigt über die Prinzipien der Firma und Verantwortung gegenüber Lizenzgeber und Kunden über sich ergehen und verließ das Büro Maurice van de Heuvelens schließlich angemessen geknickt.

Sein Chef hatte ihm bedeutet, dass sein Arbeitstag für heute gelaufen war, und er sich zunächst einmal Gedanken über seine Zukunft in der Fabrik machen sollte. Mit einer Abmahnung in der Tasche nahm Bruder Cohn die Dienstbotentreppe nach ganz unten und ärgerte sich. *So* würde er nie über die dritte Etage hinauskommen.

Im Erdgeschoss angekommen wurde er noch wütender, vor allem auf sich selbst, wechselte mit düsterem Blick seine Kleidung, beschloss, eine Reihe unflätiger Flüche in die Beichtstatistik zu kritzeln und zuletzt den Kugelschreiber zu klauen.

„Come to where Vergebung is". Von wegen ...

Dann machte er sich auf den Weg zum Ausgang.

In der Sicherheitszentrale kam Kosslik ihm entgegen und zuckte bedauernd mit den Schultern.

„Tut mir leid, Mann, die Bilder gehen direkt hoch zum Chef, und wir, wir durften euch nichts sagen."

„Ach, leck mich doch am Arsch", antwortete Cohn knapp und ging weiter. Aus dem Hintergrund hörte er Gaballek noch einmal laut *„Bingo!"* brüllen, dann schloss die Tür sich in seinem Rücken und er trat durch die Säulen hinaus ins Freie.

Eilig überquerte er den Parkplatz, das stahlgeschwängerte Mahnmal der kollektiven Reue, bedachte jeden Passanten mit einer wüsten Beschimpfung und erreichte am Ende seinen Wagen. Dort angekommen wandte er sich noch einmal um, betrachtete die Fabrik und die hineinströmenden Menschenmassen und ergänzte die Liste biblischer Bilder um den Wal, dem einst Jonas entkam. Dann schwang sich er hinters Lenkrad.

Und als der ehemalige Bruder Cohn schließlich losfuhr, um vielleicht zum letzten Mal an der Parkschranke zu halten, erahnte er einmal mehr die ganze Genialität hinter dem Konzept der millionenschweren, menschenfreundlichen Beichtfabrik:

Die Beichte war gratis.

Aber die Parkplätze kosteten ...

Die besten Plätze

Als Fritz Schmidt starb, tat er es so, wie er auch gelebt hatte: wie die meisten anderen auch. Eines morgens wachte er einfach nicht mehr auf.

Seine Seele war mit dieser Situation zunächst überfordert, fuhr dann allerdings schnurstracks gen Himmel.

Hier begegnete man ihr wenig wohlwollend, und Petrus bedeutete ihr unmissverständlich, dass sie den Rest der Ewigkeit keinesfalls in der Gesellschaft von Engeln verbringen würde.

Stattdessen fuhr jene Seele nun, wie man landläufig sagt, zur Hölle.

Hier aber verstellte ihr der Teufel selbst den Weg und machte klar, dass es auch für diesen Ort einer gewissen Qualifikation bedurfte.

Damit hatte Fritz Schmidt allerdings nicht gerechnet.

Im Himmel abgewiesen zu werden, war seiner Meinung nach gleichbedeutend mit einer Qualifikation für die Hölle.

Zumal man ja am Ende irgendwo bleiben musste.

Da öffnete der Teufel seinen fürchterlichen Schlund und fragte mit einer Stimme, so furchterregend, dass jede einzelne verdammte Seele in der Hölle bis ins Mark erschauerte:

„Was, Menschenseele, hast du getan, dir deinen Platz in der Hölle zu verdienen?"

Die Seele Fritz Schmidts überlegte kurz. Dann antwortete sie wahrheitsgemäß und mit einem nicht allzu guten Gefühl:

„Nichts."

Einen Moment lang herrschte Schweigen und die Seele merkte wohl, dass der Teufel sich etwas mehr erhofft hatte. Insgeheim bereitete sie sich bereits darauf vor, für immer und ewig zwischen Himmel und Hölle in Vergessenheit zu geraten, als der Teufel sich plötzlich verneigte und den Weg freimachte.

Denn jene, die *nichts* taten, sind von alters her das eherne Rückgrat der Hölle.

Sie füllten ihre Ränge und bestimmten das Schicksal der Welt. Und wo auch immer ein Einzelner wahres Übel tat, brauche jenes Übel doch, um zu gedeihen, noch immer ein Dutzend von denen die *nichts* taten.

Der Teufel wusste sehr wohl, dass ohne Seelen wie diese die Hölle leer und er selbst ein Nichts gewesen wäre. Aus diesem Grunde gebührten ihnen hier unten die besten Plätze.

Und schaudernd sah der Teufel Fritz Schmidt nach, als dieser nun seinen rechtmäßigen Platz in der Hölle einnahm ...

Vita & Dank

Christian von Aster schreibt. Unter anderem Kurzgeschichten. Aber auch Romane. Sowie Drehbücher. Und beinahe hätte er sogar mal Theologie studiert. In seiner Freizeit nimmt er anderen gern die Beichte ab, verkauft Ablässe, lebt bedingt zölibatär, lässt sich bei passenden Gelegenheiten auch Bruder Astus nennen und predigt. Im weitesten Sinne zumindest.

* * *

Der Autor dankt den zahlreichen Unterstützern, namentlich Joachim Bergt & Ramona Scherhaufer, die es ihm ermöglichen, das verwegene Leben eines literarischen Abenteurers zu führen und sich jener Geschichten anzunehmen, die sonst vermutlich niemand schreiben würde. Danke. Für Wertschätzung, Badewannen, Neugier, Mitfahrgelegenheiten und Abenteuer zahlloser Art.